原因不明の病気・ガンの急増、
急激な老化、超過死亡の上昇

# ワクチン後遺症を解消する

珪素宇宙意識生命体

# 「原始ソマチッド」

小島弘基［監修］
医学博士

松井和義［著］
長寿食・予防医学指導者・実践脳科学提唱者

コスモ21

カバーデザイン◆中村　聡
本文イラスト◆石崎未紀（キャッツイヤー）

もくじ◇ワクチン後遺症を解消する珪素宇宙意識生命体「原始ソマチッド」



## パートⅠ　日本人の健康状態急変にコロナワクチンが関与！

### 1章　新規ガンの突然発生と急激なガン増殖をもたらしたコロナワクチン

## 2章 収まらないワクチン後遺症と原因不明の病気！



# パートⅡ 医学革命をもたらす原始ソマチッド！

## 1章 原始ソマチッドとの出会いのいきさつ

## 2章 原始ソマチッドの起源

## 3章 原始ソマチッドが最大毒「スパイクタンパク」を分解する



## 4章 原始ソマチッドがもたらす医学革命と意識革命

# パートⅢ 原始ソマチッドがもたらすセルフケア医学と無農薬農業への活用法

## 1章 原始ソマチッドが秘めるミラクルな働き

## 2章 宇宙意識を持つソマチッドの特徴

# プロローグ　今もっとも必要なのはワクチン後遺症の解消！

## ❖十分な治験もないままはじまった遺伝子ワクチン

人類史上、初めて登場した遺伝子ワクチンが新型コロナワクチンでした。

２０２０年１月、ＷＨＯが新型コロナパンデミック宣言を発したその年の暮れから、感染予防の名目で欧米から接種がはじまりました。わが国では、少し遅れ翌年２月に接種がはじまりました（２０２１年２月16日医療従事者から）。

従来のワクチンは、開発がスタートして10年から16年かけて十分な動物実験と人間治験を行い、安全性を十分に確認したうえで国が承認してから接種希望者に実施されてきました。

ところが今回の新型コロナ遺伝子ワクチン（ｍＲＮＡコロナワクチン）は緊急事態に対応することが優先され、新型コロナウイルス登場からわずか1年足らずで、十分な動物実験も人間治験もないまま承認され採用されました。ｍＲＮＡとはタンパク質の設計図のことです。

本当は2023年5月2日までが治験期間であったはずなのに、それより2年以上早く世界でも日本でも多くの人々に接種が開始されました。はっきり言えば、国民がモルモット代わりにワクチンの実験台にされたに等しいのです。

にもかかわらず日本政府の対応は、国民の不安やマスコミの言論に流されて明確な科学的根拠を確かめないまま見切り発車で国民に接種を促すことを決めました。

イスラエルや米国ではわが国より3～4カ月早く、国を挙げて接種がスタートしましたが、3回目の接種がはじまってすぐに勢いが止まってしまいました。心筋炎で死亡する若者が多く出たことや、超過死亡（一定の期間の死亡数が過去の平均的な水準をどれだけ上回っているかを示す指標）が急増したことがわかってきて国民の接種拒否や大デモ集会などが広がったためです。

しかも、米国では1～2回の接種者は国民の3割ほどでした。ヨーロッパの国々では4回目接種開始直後に流れが変わってしまいました。

その最大の理由は、この人類初の遺伝子ワクチンには当初から未知の部分が多く、解明されていない疑問も多くあったからです。代表的な点は、

①人間の遺伝子情報とは全く異なる遺伝子情報［新型コロナウイルスのスパイクタンパク（ウイルスの表面から突出したタンパク質の構造体）の遺伝子情報］を胎内に直接入れるという人類初の試みであり、それによって人間の遺伝子にどのような影響が出るのかが解明されていない。

②筋肉注射されたmRNAによって人間の細胞内で産生し続けられるスパイクタンパクが、人体にどのような影響を与え続けるのかが解明されていない。

③mRNAが体内で容易に分解されないようにポリエチレングリコール（PEG）やナノ脂質粒子など4層の石油系の膜で作られたカプセルに包まれているが、それが長期間にわたって人体内に蓄積されることで、どのような影響があるのかが解明されていない。

さらには、数カ月後、数年後、数十年後にどのような影響が現れてくるのかの検証も不十分なまま、接種が開始されたのです。

しかも、最初から疑問視していた免疫学者や遺伝子学者の声は完全に無視され続けました。私も最初から反対しました。

その結果は歴然としていました。私の元に全国から集まる情報でも、接種開始とともに従来のワクチン接種にはなかった重篤な副作用や心筋炎（心臓の細胞が死ぬ）などが発症しているという事例が目立ちはじめ、死者も出はじめました。特に、肩や腕の筋肉を鍛えている人や基礎疾患のある中高年に顕著でした。当然、コロナワクチン接種を拒否し、反対する声が、医師や科学者を中心に日に日に大きくなりました。

すでに欧米では、3回目の接種がはじまったころからワクチン反対の抗議集会やパレードが広がり、ワクチン接種を止める国も増えていきました。ところが、一部の週刊誌を除いてマスコミも政府もこの事実を取り上げることはなく、大量（8・8億人分）のワクチンを高額で購入し続け、4回目、5回目、6回目、7回目と接種を国民に半ば強要してきました。河野ワクチン担当大臣は当時、公然とワクチン反対論を陰謀論扱いする有様でした。こんな国は、世界で日本だけでしょう。

中国やロシアのコロナワクチンの接種が進みましたが、このワクチンは遺伝子ワクチンではありません。従来型の鶏卵で培養する不活ワクチンです。ですから、それほど効果が期待できないかわりに、遺伝子ワクチンのようなリスクはほとんどありませんでした。

現在、欧米の国々は遺伝子ワクチンの接種に否定的か消極的になっています。ところが、日本は遺伝子ワクチンの先進国となろうとするかのごとく、ファイザー社やモデルナ社と組んで国内で大量生産設備を整備しています。2024年10月1日からは、コロナワクチンの定期接種（8回目）がはじまります。さらに、2025年冬からはインフルエンザワクチンもすべて遺伝子ワクチンに切り替えるという政府の方針に沿って準備が進められています。その後は、他のワクチンも遺伝子ワクチンになっていくでしょう。

このままですと、インフルエンザワクチンはすべて遺伝子ワクチンになる方向に進んでいきます。その他のワクチンも遠からず、遺伝子ワクチンへ切り替えられていくでしょう。

## ❖ワクチン後遺症以外考えられない

日本で3回目ワクチン接種がはじまった2022年になると、全国からワクチン接種をきっかけに体に異変が起こっているという情報が増えはじめました。なかでも特に多かったのが、「田舎の父母（高齢者、特に後期高齢者）がワクチンを複数回接種して数カ月経ったころから急激に老けこんでしまった」というものです。

さらに、「関節痛がひどくなった」「急激に筋力が低下した」「手足や腰がしびれる」「下痢が続く」「帯状疱疹で苦しんでいる」「腰が曲がった」「歩行困難になった」「全身に湿疹やじん麻疹が発症し痒みがひどい」「耳鳴りがひどく、視力も急激に低下した」「認知症が急に進行した」「周りでうつ病、喀血、間質性肺炎などを発症する人が増えた」……。
なかでも、「近親者が急性の心筋梗塞や脳梗塞で突然亡くなった」「突然ガンを発症し、わずか数カ月で末期まで進行し死亡した」という情報が増えたことには心から驚かされました。

そのいちばんの直接的な原因はワクチン後遺症以外に考えられませんでした。1回のワクチン接種に含まれる約2億5千万個ものmRNAによって体内の細胞内で作られ続けるスパイクタンパクが関与していることは間違いないと思われます。それを裏付けるデータも次々公表されています。

スパイクタンパクが血管内壁に合体することで、血流の悪化、血管の老化、血栓などの血管障害が起きやすくなると考えられます。しかもワクチン接種回数が多くなるほどひどくなり、全身の急激な老化を進めます。さらに、元々持病のある高齢者は急激に悪化し死亡に至るケースも増える傾向が認められました。

このことは、死亡原因の変化にも現れています。2022年の死亡原因として急激に増加しているのは、心疾患、脳血管疾患、悪性新生物（ガン）です。その主要な原因がワクチン接種にあると考えることに矛盾はありません。それを裏付けるデータも次々と公表さ

| 8月 | 9月 | 10月 | 11月 | 12月 | 年合計 | | |
|---|---|---|---|---|---|---|---|
| 104,866 | 101,814 | 111,154 | 116,417 | 125,345 | 1,352,198 | | |
| 107,112 | 105,271 | 114,087 | 115,546 | 124,048 | 1,374,765 | | |
| 111,436 | 107,694 | 114,284 | 119,462 | 127,236 | 1,393,917 | 2020年基準としての増減 | 累計 |
| 111,591 | 107,468 | 118,038 | 118,455 | 133,185 | **1,384,544** | | |
| 117,804 | 115,706 | 120,781 | 122,806 | 134,026 | 1,452,289 | 67,745 | |
| 135,649 | 127,040 | 131,840 | 134,336 | 158,387 | 1,582,033 | 197,489 | 265,234 |
| 130,848 | 127,242 | 133,993 | 133,823 | 146,357 | 1,590,503 | 205,959 | 471,193 |
| | | | | | | | |

れてきています。

### ❖ガンの進行がはやくなった！

ここで、「老衰」による死亡が急激に増加したのはなぜかを探ってみたいと思います。

厚生労働省が公表する人口動態統計図と速報をご覧ください。毎月の死亡者数は、コロナ遺伝子ワクチンがスタートした２０２１年を見ますと、新型コロナパンデミックに突入した２０２０年と比べ、年間で６万７千人超過死亡者が増えています。

さらに３回目ワクチン接種が行われた２０２２年は、その３倍近い19万７千人にまで増えています。２０２３年はもっと増えて20万６千人になりました。今年（２０２４年）の１月、２月、３月、４月、５月、６月、７月の死亡者数はすでに前年同時期よりも増

厚生労働省 人口動態統計(2017年1月〜2024年7月)死亡者数(速報)

| 死亡者数 | 1月 | 2月 | 3月 | 4月 | 5月 | 6月 | 7月 |
|---|---|---|---|---|---|---|---|
| 2017年 | 135,091 | 117,624 | 121,142 | 109,205 | 107,745 | 98,963 | 102,832 |
| 2018年 | 138,710 | 123,734 | 121,818 | 109,711 | 107,914 | 99,362 | 107,452 |
| 2019年 | 141,292 | 119,039 | 119,329 | 112,939 | 112,258 | 102,354 | 106,594 |
| 2020年 | 132,622 | 117,010 | 119,161 | 113,362 | 108,380 | 100,423 | 104,849 |
| **2021年** | 140,844 | 118,984 | 123,579 | 118,169 | 118,634 | 108,734 | 112,222 |
| **2022年** | 143,992 | 138,474 | 139,571 | 121,799 | 121,473 | 111,904 | 117,568 |
| **2023年** | 168,970 | 135,857 | 134,156 | 123,040 | 122,193 | 113,500 | 120,524 |
| **2024年** | 156,650 | 140,269 | 144,451 | 127,427 | 125,391 | 117,631 | 127,479 |

加しています。このままの勢いで進めば、今年は年間28万人を越えると思われます。

新型コロナ遺伝子ワクチンは2023年末で最終接種(7回目)が終了しているにもかかわらず、驚くことに毎月の超過死亡は減るどころか逆に増加しています。

私の身内や身近でも2024年6月の1カ月余りの間に、ワクチン接種後、闘病生活していた人が3人死亡しました。一人は遠方に住む私の義理の弟です。

2021年9月(当時69歳)にコロナ遺伝子ワクチンの2回目を接種した3日後から38℃~39℃の高熱が20日間も続きました。その後も体調は回復せず、胆のう破裂で緊急入院し、手術を受けました。無事手術は終わったものの、検査で胃の入口と出口にガンが発見され、さらに内視鏡手術で切除しました。その後も体調はすぐれず、ついに白血病（血液のガン）で死亡しました。

製材会社の2代目社長であり、居合道で毎日鍛えていたので肩や腕は凄い筋肉でした。ところが、そうして肩や腕の筋肉を鍛えている人ほど、遺伝子ワクチンによってその筋肉細胞や血管内皮細胞内で大量のスパイクタンパクがより大量に作られるリスクが高くなるようです。

似たような事例はたくさんあります。長い間、林業を営んできた会社社長（78歳）は、コロナワクチンを5回接種したあと、突然すい臓ガンが発見されました。その後の進行は急激で、末期ガンになり死亡しましたが、他の臓器にもガン細胞が見られました。この方も、若いときから剣道を続け、身体をしっかり鍛えていました。

わが家が代々、檀家になっているお寺の住職（当時78歳）は、ファイザーのワクチンを2回接種したあと胃腸の異変で緊急入院しました。しかし回復しないまま療養生活が続き、亡くなりました。もともと糖尿病の基礎疾患がありました。

このように、ワクチン接種して1～3年後にガンや基礎疾患が急激に悪化したり、老化が急に進行したりして死亡するケースは、特に70歳前後から80歳代にかけて目立っています。

その理由として考えられるのは、遺伝子ワクチンによって体内で作られたスパイクタンパクが細胞内のエネルギー産生器官であるミトコンドリアに直接ダメージを与え、細胞の働きをダウンさせることです。それに対して正常細胞は、何とか生き残ろうとするためにガン細胞化します。

しかも、従来のガン細胞は他の臓器に転移するまでに相当な年月を要しますが、遺伝子ワクチンが原因で発症するガン細胞は、早期から他の臓器にも広がっていく特徴があると考えられます。これは従来のガンには全く見られない現象です。

詳しくはパートⅠの1章で取り上げますが、全国から私の元に集まってくる情報のなかにも、そのことを示すものが多くあります。その一部を取り上げてみます。

・病院理事長が5回目のワクチンを接種後、体調異変と末期すい臓ガン
・ワクチン接種を積極的に推進していた総合病院の部長にすい臓ガン判明
・5月に3回目のワクチンを接種し11月に突発性肝臓ガンが判明
・5回目のワクチン接種から4カ月後、末期卵巣ガンが発見された
・ワクチン4回接種から10カ月後にすい臓ガン末期で死亡
・ワクチン4回接種から半年後、卵巣ガンが発見され白血病で死亡

・ワクチン5回接種から半年後に乳ガン再発
・ワクチン3回接種後、大腸ガンを発症

## ❖自己増殖型レプリコンワクチンの影響

このような現実が次々と明らかになる一方で、さらにさまざまな種類のワクチンにmRNA型ワクチンが応用されようとしています。その一つとして見逃せないのが自己増殖型レプリコンワクチンです。レプリコンワクチンとは、接種後に細胞内でmRNA自体を自己増殖させる特殊な「レプリカーゼ」という酵素を組み合わせたものです。

スパイクタンパクを作るmRNA自体が細胞内で自己増殖するため、これまでの遺伝子ワクチンと比べると接種量が6分の1から10分の1で済むとも報道されています。しかも、体内で作られる免疫抗体の働きは長期間維持されるため、年1回の接種で済むというのです。

ワクチン接種量が減り、効果がより長く持続するわけですから、ワクチンとして優れているように思えるかもしれませんが、mRNAの自己増殖がいつまで続くのかは確定されていませんし、これまでのmRNA型ワクチンと比べてより多くのスパイクタンパクが体内で作られることによる障害リスクも確認されていません。

人体内の細胞はエクソソームという情報伝達物質を分泌しています。このエクソソームは膜に包まれたカプセル状の小胞です。この小胞には遺伝子情報（ｍＲＮＡ）や酵素タンパクが含まれています。レプリコンワクチンによって自己増殖したｍＲＮＡが、このエクソソームと連動することで、さらに全身の細胞内に入りやすくなり、ますます大量のスパイクタンパクが作られる危険性が高くなると考えられます。

しかもワクチン非接種者へのシェディング（排出）被害まで含めると、今後起こり得る事態はかなり深刻です。ワクチン接種者からスパイクタンパクだけでなくｍＲＮＡまでシェディングされる可能性が高いからです。

私の推測では、レプリコンワクチンによる被害（各種後遺症、突然死、ガンなど）は、コロナワクチンによる被害のレベルを大きく超えるでしょう。にもかかわらず、日本で、このワクチンの利用がはじまろうとしているのです。

２０２４年からはじまるコロナワクチンの定期接種のうち、Ｍｅｉｊｉ Ｓｅｉｋａファルマが提供する「コスタイベ」は、自己増殖型レプリコンワクチンです。第一三共とファイザー社、モデルナ社が提供するコロナワクチンは従来の遺伝子ワクチンですが、武田製薬のコロナワクチンは２０２５年から、インフルエンザ定期接種ワクチンも含めて、すべてレプリコンワクチンにするというのが政府の方針です。

そんななか、2024年9月に『私たちは売りたくない！』（チームK 方丈社）が出版され、Amazonランキングで上位を続けるほど注目を集めています。この本の著者である「チームK」は、今はワクチン販売で大きなシェアを占めるMeiji Seikaファルマの現役社員たちです。ワクチンを扱う会社の一員としての責任感から、すでに多大な犠牲者が出ているmRNAワクチン、さらに今後取り扱う世界初のレプリコンワクチン（自己増殖型mRNA）の危険性について訴えています。

日本でもっともワクチンを流通させている会社の社員として、社員の多くがmRNAコロナワクチンの接種を受けていました。ところが、若手社員でスポーツマンであり、健康で優秀な営業担当であった26歳の同僚、影山晃大（カゲヤマコウダイ）さんが2021年9月、mRNAワクチン接種を受けた3日後に突然死しました。

そこから自分たちでmRNAワクチンの調査をはじめたところ、他に似たような死亡例があることを知り、このままにしておいてはいけないと行動しはじめたのです。

明治乳業株式会社や明治製菓株式会社は昔からよく知られていましたが、今は株式会社明治として牛乳、乳製品、菓子や医薬品などの製造・販売を行っています。Meiji Seikaファルマはそのグループ会社です。

私は30代から40代まで若手経営者教育のトップマネジメント研究所を立ち上げ、経営者協会後援のもとに、京都の京セラ、ワコール、おたべ、大日本スクリーンはじめ４００社近くの若手社員や幹部の教育を担当していました。

そのころ明治乳業は数多くの労使問題を抱え、現場社員の声が反映しにくい会社という評価も耳にしていました。そのことがＭｅｉｊｉ Ｓｅｉｋａファルマにどうつながっているかはわかりませんが、その現役社員たちが勇気を持って、ｍＲＮＡワクチン、レプリコンワクチンの危険性を世に広く知らせようとしています。

## ❖ワクチン後遺症の解消に今できることは何か

すでに遺伝子ワクチンの接種が進んでいるなかで、私たちはワクチン後遺症とどう向き合い、対処していけばいいのでしょうか。それを考えるのが、本書のパートⅡ「医学革命をもたらす原始ソマチッド！」と、パートⅢ「原始ソマチッドがもたらすセルフケア医学と無農薬農業への活用法」です。

私は長年の研究と実践を通して、心身の健康の基本は生命力と免疫力を高めることと、意識レベルを上げ宇宙意識に目覚める必要があることを明らかにしてきました。そのために必要な実践法として食事法、精油の活用法、呼吸法、運動法などを提言してきました。同時に著書としても、『200歳長寿！　若返り食生活法』、『樹齢千年の生命力「森の香り精油」の奇跡』、『52歳で折り返し120歳で現役　丹田発声・呼吸法で医者要らず』、『誰でもできる感染症対策！　樹齢千年「桧・ひば精油」で免疫力超アップ』、『若返りと長寿の根本　光・丹田呼吸で超免役体質』、『免疫を破壊するコロナワクチンの解毒法』、『コロナワクチン「毒」からの脱出法』などを出版してきました。

じつは、そのなかで出会った存在が「原始ソマチッド」です。くわしくは後ほど説明しますが、結論からいえば、その正体は「珪素宇宙生命体」であり、もっとも小さな生命体です。私がこれまで追求してきた実践法を可能にしているのがこの「原始ソマチッド」の存在だったのです。本文中には、血液中に存在する原始ソマチッドが生命力や免疫力、意識レベルと連動していることを示すデータも提示しています。

さらに、コロナワクチンの後遺症対策を探求していくなかでも、この「原始ソマチッド」こそが重要な役割を担っていることもわかってきました。パートⅡとパートⅢでその全貌を明らかにしていきます。

本書との出会いが新しい未来との出会いにつながることを願っています。

# パート I

# 日本人の健康状態急変にコロナワクチンが関与！

# 1章 新規ガンの突然発生と急激なガン増殖をもたらしたコロナワクチン

## コロナワクチンと抗ガン剤による日本人のガン死はダントツ世界一!

今、ワクチン複数回の接種後に急に死に至るケースが増えています。もっとも典型的なのは以下のようなケースです。

①新たなガンの発症と、再発したガンが急激に進行して死に至る

②持病が急に悪化して死に至る。たとえ死に至らなくても改善の見通しが全く立たず苦しんでいる

③急激に老化現象が進行し死に至る

私は全国主要都市で毎週、数日間のセミナーを開催していますが、その参加者や全国の

会員から寄せられる情報も、ワクチン接種後にガンを発症した、ガンが再発したというものが多く、そのガンの進行は異常なほどはやいというのです。

そのなかには、総合病院の院長や幹部医師、元医学部教授といった方たちからの情報もあります。本人や同僚の医師たち、その家族が進んで4回〜6回のワクチン接種を受けていたところ、突然ガンを発症したというのです。類似の事例をいくつか紹介します。

### 【事例1】病院理事長が5回目のワクチンを接種後、体調異変と末期すい臓ガン

理事長が先頭を切ってワクチン接種を積極的に推進してきた病院ですが、5回目接種後、それまで健康だった理事長は突然体調を崩し、その後、末期のすい臓ガンと判明しました。ガンの増殖は猛スピードだったため、「原因はワクチンの複数回接種だ」と気づく医師もいて、全職員が6回目のワクチン接種を止めました。

### 【事例2】ワクチン接種を積極的に推進していた総合病院の部長にすい臓ガン判明

院長はじめ、ほとんどの医師、職員は6回目までワクチン接種を終えていました。ところが、幹部の一人が6回目の接種後に突然、体調が悪化し、すい臓ガンとわかりました。腫

瘍マーカーは普通ではありえない25・5万の超異常数値でした。すい臓以外のさまざまな部位にもガンが発症していました。ガンの進行ははやく、半年で亡くなりました。

### 【事例3】5月に3回目のワクチンを接種し11月に突発性肝臓ガンが判明

２０２２年5月に3回目のワクチンを接種した女性です。数カ月経ったころから、だるさや発熱などの症状が続くようになり検査を受けると、突発性肝臓ガンであると診断されました。

### 【事例4】5回目のワクチン接種から4カ月後、末期卵巣ガンが発見された

この情報を伝えてこられたご本人は総合病院に勤務していますが、同僚先輩の54歳の看護師が5回目のワクチンを接種して4カ月後の検診で、末期卵巣ガンが発見されました。5回目ワクチン接種前の検診では卵巣ガンはありませんでした。あまり突然のことで、当事者はもちろん周囲も驚きました。

ガン医療の常識ではありえないガンの発症と増殖スピードが速いことに、この情報提供者も驚いています。この方はワクチン接種はしていませんが、同僚の医師や職員のほとん

どが5回、6回とワクチン接種しています。

最近はガンセンターもガン病棟も患者で溢れかえっていますが、ガンの発症や身体の不調の原因はワクチン接種にあるのではないかと気づく人が、この方の周囲でも徐々に増えてきていると言います。「あなたの言ったことが本当だった！」と言われることもあるそうです。

**松井一口メモ**

ワクチンによって体内で作られるスパイクタンパクは卵巣のタンパク質によく似ているため卵巣に多く蓄積されやすく、その細胞内のミトコンドリアがダメージを受けると考えられます。その結果、卵巣ガンや不妊に陥りやすくなります。

しかも、接種回数が増えるほどスパイクタンパクが多く蓄積されるため、そのリスクは高くなります。

最近、全国からの情報でとみに多くなったのは、

人体細胞図

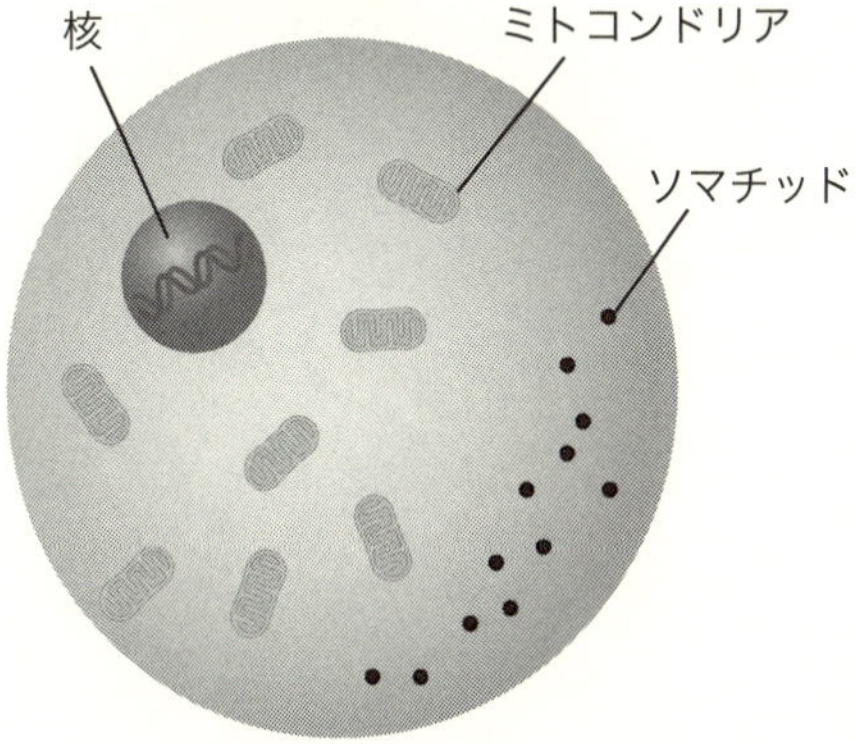

4回、5回、6回とワクチン接種を受け続けてきた医療関係者からのものです。新たなガンの発生が増え、しかも従来と比べ異常なスピードで増殖して末期を迎えているというのです。

さらに医師の間では、「ガン原発巣がなく、全身でいっせいにガンが発症しているケースが出てきた。こんなことは過去に例がなかった。なぜだろうか？」という会話も交わされています。すでにガンセンターと総合病院にはガン患者が溢れていますが、厚労省や一般マスコミはこの事実を国民に伝えていません。

**【事例5】ワクチン4回接種から10カ月後にすい臓ガン末期で死亡**

男性（67歳）は元々、ガン検診でも問題はなく健康でした。2022年夏に4回目のワクチン接種を受けましたが、2023年に入ってからすい臓ガンが発見されました。その後の進行は急激で、この年の5月に末期に至り死亡しました。

**【事例6】ワクチン4回接種から半年後、卵巣ガンが発見され白血病で死亡**

この女性（当時68歳）の姉がワクチン接種は危険と伝えていましたが、本人は4回ワクチン接種を受けました。それから半年後に卵巣ガンが発見され、白血病を発症しました。1年余りで亡くなりました。

## 【事例7】ワクチン5回接種から半年後に乳ガン再発

この女性は11年前に乳ガンを発症しましたが、医師からすすめられた手術と抗ガン剤は行わず、ストレスの解消、食生活の改善、手作り酵素などに取り組みました。その結果、乳ガンは治り、安心していました。その後の定期検査でも乳ガンの再発はありませんでした。ところが、コロナワクチンを5回接種した半年後、乳ガンが突然、発見され、しかも一気に大きくなっていました。医療関係で働いていたため、すぐに手術を受けましたが、担当医師からすすめられた抗ガン剤投与は断りました。本当はワクチン接種も受けたくなかったのですが、仕事上の圧力で止むを得ず5回も接種してしまいました。

## 【事例8】ワクチン3回接種後、大腸ガンを発症

この男性はコロナワクチンを3回接種しました。ひどい副作用が出たため、4回目接種は止めましたが、1年後に大腸ガンが発見されました。ワクチン接種以前の検診ではガン

はなかったはずなのに、大腸にもリンパにもガンが転移していました。

すぐに摘出手術を受けましたが、そのとき担当医師から強くすすめられた抗ガン剤は断りしました。足に出ている赤疹もワクチンが原因と思い、原始ソマチッド珪素（パートⅡ・Ⅲ参照）と手作り酵素の飲用と湿布シートを続けていますが、とても良好です。

ワクチン接種をしていなくても、周囲にワクチン接種者が多い場合、スパイクタンパクのシェディング（排出）を受け続けることでガンを発症するケースもあります。関連する事例を紹介します。

## 【事例9】シェディングにより大腸ガンを発症

本人は、コロナワクチンは接種していませんが、職場の同僚の大部分は4回目や5回目のワクチン接種を受けていました。そんな周囲からのシェディングの影響と思われる症状が出てきました。赤い湿疹が頻繁に出たり、トレーニングをしたとき胸が苦しくなることもありました。以前は全くなかったことです。

さらに大腸ガンが発見されました。それ以前の職場定期健診ではガンはありませんでしたし、医師もあまりに突然の発症と進行のはやさに驚いていました。腸閉塞を起こす可能性があるため急遽手術を受けましたが、抗ガン剤は断り、手作り酵素と原始ソマチッド水を大量に飲用し続けています。良好です。

## 【事例10】シェディングが原因で肺ガンが再発し、2カ月で10センチに拡大

5年前に初期の肺ガンになりましたが、オピニオンの統合医療で手術も抗ガン剤治療もせずに回復しました。仕事も続けていましたが、職場にはワクチン複数回の接種者が多く、知らぬ間にシェディングを受けていたようです。

呼吸が苦しいことが続いたので検査したところ、3カ月近く前の検診では全くなかったのに、10センチもの灰色の影が肺に映りました。今はMORI AIR（パートⅡ参照）の連続噴霧と原始ソマチッド水を併用していますが、徐々に回復中です。

このように、突然のガンの発症や再発の多くにコロナワクチン接種が関係していることを示す事例が増え続けていますし、なかには本人は接種を受けていなくてもシェディングによって症状が出ている事例も明らかになってきています。それにもかかわらず、わが国

の総合病院やガンセンターなどでは認めていません。「ただ、何か変だ！」と感じてはいても、何の対応もしていません。たとえ、そのことに気づいている現場医師がいても口をつぐんでいます。

そのうえ、ガン組織切除手術と抗ガン剤をセットにした治療はそのまま進められていますが、ガンの悪化や持病の悪化で死亡に至るケースは増え続けています。コロナワクチンと同様に、抗ガン剤を国を挙げて使用している世界でも数少ない国が日本なのです。これは一体どういうことなのでしょうか。

欧米では１９９０年代からガン死が年々減少してきました。しかし、日本のみが毎年５％前後増加し、３人に１人がガンで死に、２人に１人がガンにかかる日本は、まさしく世界一のガン大国です。そのうえ、世界で一番コロナワクチンの接種を進めているため、ガン死の勢いはますます加速していると思われます。

こんな国は、世界で日本だけです。しかも、国際巨大製薬会社に対してコロナワクチンも抗ガン剤も「Ｎｏ！」と言えないのが今の日本です。

## 欧米諸国はなぜ抗ガン剤中心医療から脱却できたのか？

その最初のきっかけとなったのが、1977年1月に報告されたマクガバンレポート（上院栄養問題特別委員会報告）でした。何ページにもわたるこのレポートの結論は、「食生活の乱れがすべての病気の根源である」というものでした。それに基づいてマクガバン上院議員（当時）は、医師を徹底的に糾弾しました。「今の西洋式医療をやっている医師たちは、誰一人栄養と病気の関係がわかっていない！」と。

これを機に開業医を中心として米国の医師たちの姿勢は180度変わりました。「食べ物と病気の因果関係」を調べ、栄養学を勉強しはじめたのです。その結果、病気の原因を根本から解決するために食生活の改善指導をする医師がどんどん増えはじめたのです。その動きは、情報の早いインテリ層中心に広がりました。彼らはいち早く食生活を改善しはじめました。

マクガバンレポートは数年にわたる調査の結果として、「世界の中で健康的で長寿になる食事の摂り方は、日本の伝統的な食事である」と報告しています。

ここで指摘されている日本の伝統的な食事とはどんなものなのでしょうか。ポイントは以下の3点です。

①タンパク質は肉・牛乳・乳製品の動物性タンパク質を摂らず、大豆などの植物性タンパク質中心に魚介類などで摂る

②白米、白いパンなどの精製した穀物を摂らず、玄米や全粒小麦などの未精製の穀物を摂る

③農薬、合成食品添加物など石油から化学合成された化学毒物が入った食品を摂らず、自然栽培や無農薬有機栽培した野菜、果物、穀物などを摂る

つまり、肉・牛乳・乳製品などの動物性タンパク質、精白した穀物、農薬や合成食品添加物が入った食品こそがガンや心臓病、脳梗塞などの現代生活習慣病を招いた最大の元凶であると考えられます。

このマクガバンレポートの発表から数年後の1980年と1985年に、エドワード・ハウエル医学博士が画期的な理論として発表したのが「酵素栄養学」でした。

ハウエル博士は50年にわたる研究により、「人体に内在する潜在酵素を消費する度合いによって寿命が決まる」ことを発見しました。

潜在酵素には2種類あります。食べ物を消化する「消化酵素」と、すべての生命活動に

必要な触媒となる「代謝酵素」です。

代謝酵素のことをもう少し説明しますと、心臓を動かしたり、呼吸をしたり、手足を動かしたり、老廃物を外に出したり、病気を治したり、栄養を吸収したり、異物を解毒したり、脳を動かしたりと、ありとあらゆる生命活動に関わっています。

体内では心臓、肺、肝臓、腎臓、脳、血管をはじめ、さまざまな臓器で５０００種類以上の代謝酵素が活動しています。人間に必要な栄養素としては従来、３大栄養素のタンパク質と炭水化物と脂質、さらにビタミン、ミネラル、食物繊維などが知られていますが、これらの栄養素が体内で生かされるためには、酵素が不可欠なのです。

酵素栄養学に基づく食生活の理論がもっとも早く広まったのが米国のインテリ層ですが、その代表が「自然の法則に基づいた生命科学の理論」つまり「ナチュラル・ハイジーン」です。

そのスローガンは、動物性食品は摂らず植物性食品を丸ごと、つまり全体を生で食べることです。いちばんの理由は、酵素は生の食べ物に入っているからです。じつは、古代ギリシャの医学の祖ヒポクラテスが、すでに加熱した物を食することについて「火食（加熱食）は過食に通ず」と述べています。火を通した食事を摂ると、病気になると言っているのです。

体内で作られる潜在酵素は無限に作られるわけではなく、生涯で一定量しか作られません。潜在酵素の消費が進むほど寿命が短くなりますから、その消費を少しでも節約することが長寿につながります。

それには体外から生の食べ物に含まれる酵素をできるだけ摂り入れることが有効なのです。

日本は昔から、世界の中でも飛び抜けて発酵食品文化が定着しています。生野菜や果物とともに発酵食品を食べることで、生きた酵素を多く摂り入れてきたのです。

そのことを知った米国やヨーロッパのインテリ層では、無農薬栽培の生の野菜や果物を皮ごと、たくさん食べることで、生きた酵素や補酵素（ミネラル、ビタミン）、抗酸化物質（フィトケミカル）を大量に接種する食文化が定着しました。

もう一つ、抗ガン剤中心医療から脱却するきっかけになったのは、米国立ガン研究所（ＮＣＩ）のデヴュタ博士が１９８５年に米国議会で行った証言（『デヴュタ証言』）です。

「抗ガン剤をいくら投与しても、ガン細胞は自らの遺伝子（ＡＤＧ）を変化させ、抗ガン剤の毒性に耐性を獲得し、無力化してしまう」「さらに、抗ガン剤はガンと闘うリンパ球（免疫細胞）の製造機能を徹底的に攻撃するため、抗ガン剤の投与は、かえってガンを増殖させることが判った」などと発言したともいわれています。

さらに1988年に、米国立ガン研究所（NCI）は『ガンの病因学』という数千ページにおよぶ報告書を発表しています。そのなかで、「抗ガン剤はガンに無力なだけでなく、強烈な発ガン性があり、他の臓器に新たなガンを作る発ガン剤でしかない」と断定し、さらに「放射線治療も免疫細胞を減少させるため、抗ガン剤よりも致死率が高い」と警告したといわれます。

グラフ1をご覧ください。

厚生労働省が発表しているわが国の死亡原因のダントツ1位がガン悪性腫瘍です。現代医療は進化し続けていると言いながら、ガンに対しては全く無力です。むしろ、現代医学こそがガンを助長し、ガン死を増大化していると言っても過言ではないことが、このグラフでわかります。

さらにグラフ2を見ると意外なことがわかります。1992年から米国や英国などの欧米では、ガンの死亡率が男女共に減少しているではありませんか。逆に日本のみが勢いを

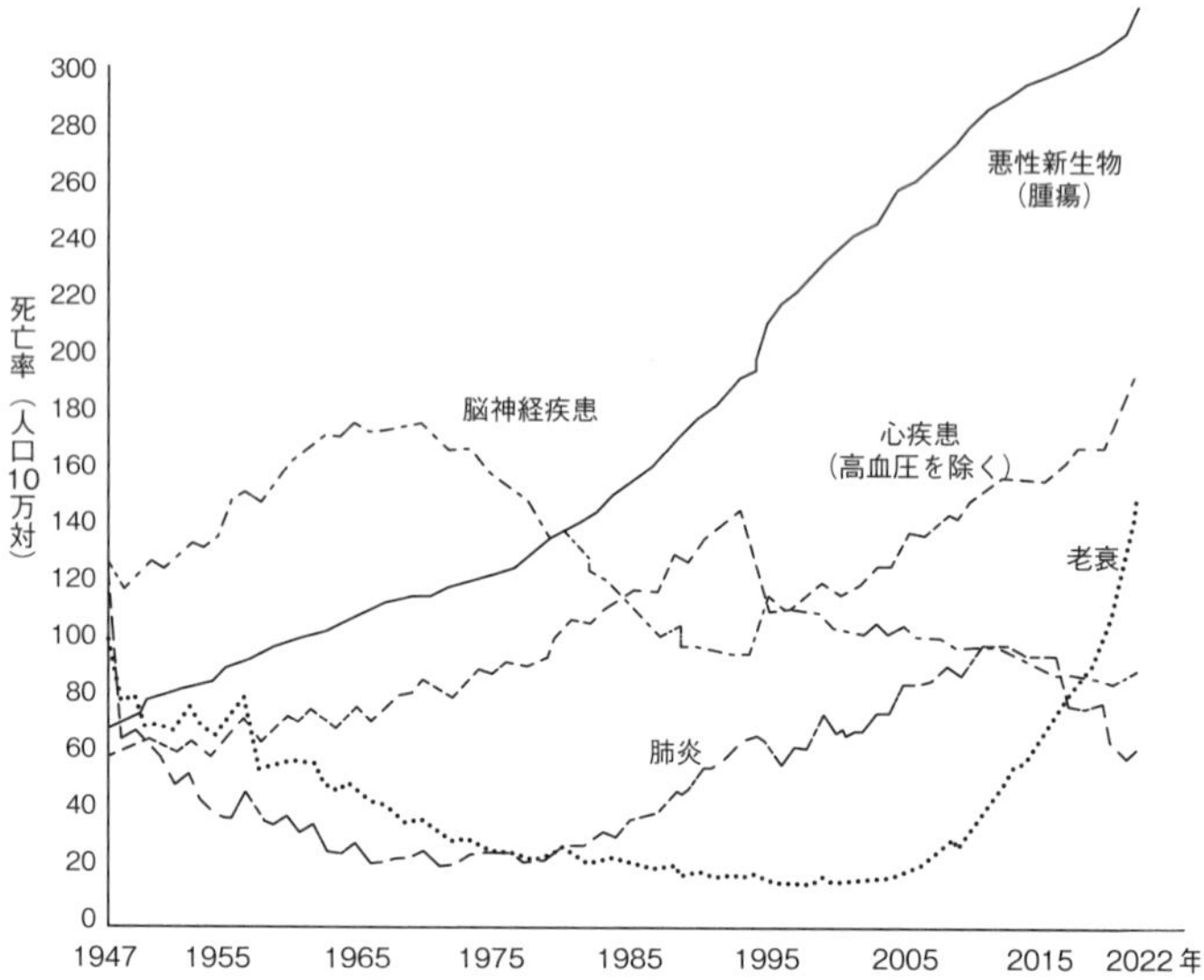


グラフ１　主な死因別にみた死亡率（人口10万対）の年次推移（厚生労働省）

増して大増加しています。

それだけではありません。グラフ１では２０２２年と２０２３年のガン、心疾患、脳血流疾患による死亡者は急に増えています。これにはコロナワクチンが関係していると思われます。

米国や英国では、１９９２年からガン死が減少しはじめました。その最大のきっかけになったのが１９８５年の『デヴュダ証言』と、１９８８年の『ガンの病因学』にあることは間違いないでしょう。「抗ガン剤こそが増ガン剤である」、続いて「抗ガン剤は強烈な発ガン性をもち、放射線治療も免疫細胞を減少させ、抗ガン剤よりも致死率が高

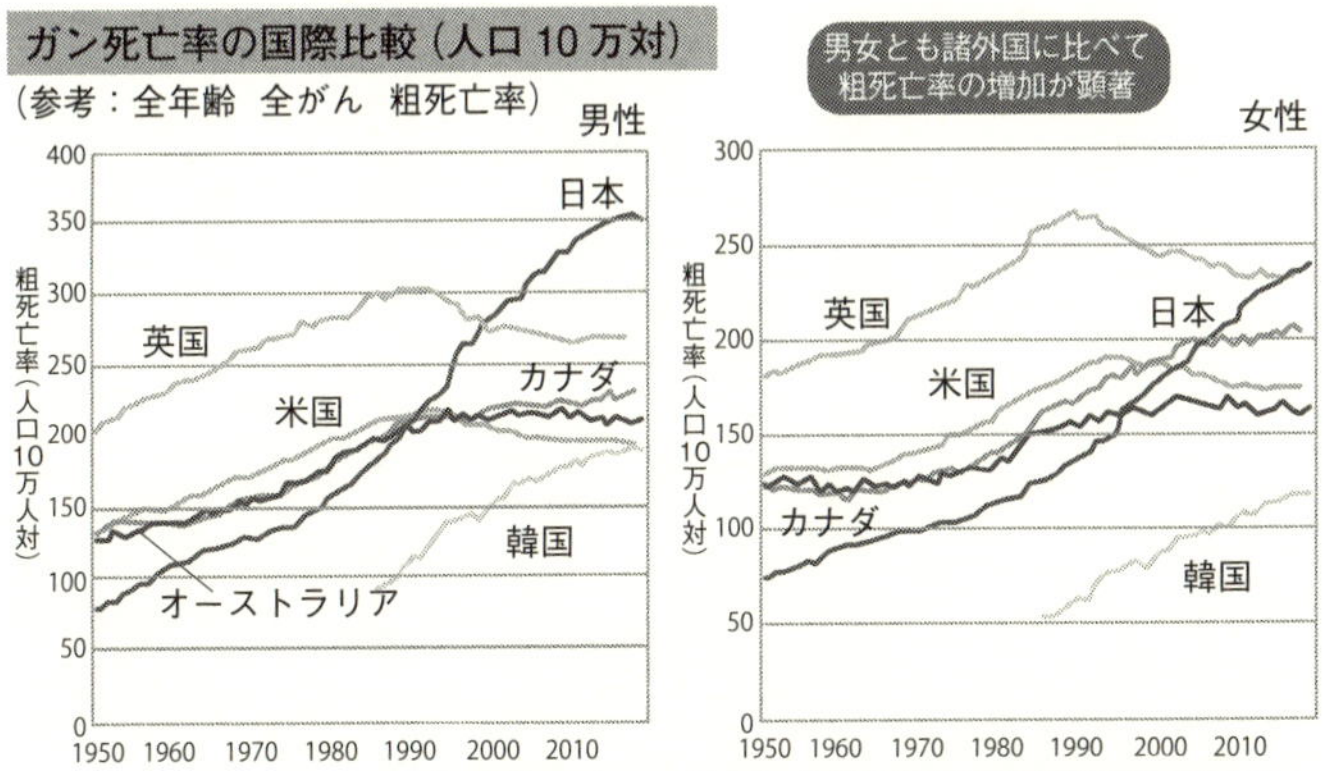


男女で縦軸のスケールが異なる。全がんは非悪性黒白腫皮膚がんを含まない。

グラフ２　ガン死亡率の国際比較（厚生労働省）

い！」と公表したことで、３大ガン療法（手術・抗ガン剤、放射線治療）中心の医療から代替医療中心へとシフトされていったのでしょう。

その結果、①悪性とも良性ともわからない腫瘍をむやみやたらに切除しない、②超猛毒の抗ガン剤を減らす、③超有毒な放射線治療を短絡に行わず代替療法へ切り替えるという動きが定着しはじめたのだと考えられます。

ちなみに代替療法とは、動物性タンパク質を摂らず酵素栄養学に基づいた食事療法、ストレスをとりのぞき免疫力を高める心理療法、運動、東洋医学（漢方、鍼灸、気功、瞑想、ヨガ、呼吸法……）、アーユルベーダ（インド医学）などの波動医学などを組み合わせた治療法のことです。

こうして、欧米は脱・抗ガン剤、脱・放射線治療へと舵が切られていき、それに伴ってガン死が年々、減少しはじめたと考えられます。それだけではありません。ガン予防にも生活習慣病予防にもつながることが明らかになったのです。

## 時代の変化から取り残される日本の医療

残念ながら日本の医療はいまだ旧態依然として3大ガン治療法を行い、不要な手術と抗ガン剤をセットで行い、放射線治療を行っています。

たとえば、悪性腫瘍か否かを判断する確定した基準はなく、医師の主観に頼って判断する傾向があります。近藤誠医師は「9割がガンもどき」とまで述べています。そのようなわが国のガン医療の現状は、はっきり言ってしまえば「疑わしきは全部切れ！」になっています。このような状態は日本の常識であっても世界の非常識です。日本ではいまだに不要な手術まで行われ、死に至らしめる抗ガン剤投与がそのまま行われ続けています。

それには、投薬と手術をしなければ病院経営が成り立たない日本の医療体制も関係しているのでしょう。たとえそのことに気づいていても、病院経営としてはどうすることもできないという現実が立ちはだかっています。

## 抗ガン剤はなぜ猛毒なのか

それは、抗ガン剤が開発された経緯を知ればよくわかります。現在、多用されている抗ガン剤の多くは「エンドキサン（日本での商品名）」で、欧米では「シクロフォスファミド」と呼ばれるマスタードガス抗ガン剤です。

これは、第一次世界大戦や第二次世界大戦で使用された3大毒ガス兵器（サリン、VXガス、マスタードガス）の一つであるマスタードガスを改良したものです。マスタード（からし）の匂いに似ているということでマスタードガスと呼ばれていますが、戦後、米国でマスタードガス兵器の解体処理作業を行っていた際、ガンを患っていた米兵の一部にガンが縮小したことが判明しました。そのことがきっかけで、抗ガン剤「ナイトロフェン・マスタード」が誕生しました。これにロックフェラー財団が関わっていたことはよく知られています。

臨床実験では、1カ月間の投与で1～2割のガン患者のガンが縮小しました。そのころは1カ月（約4週間）で1割のガン縮小の効果が認められれば抗ガン剤として認可されました。その後は2割の効果がなければ認可されなくなりましたが、それにしても、効果がない残り8割のガン患者をどうするのでしょうか。抗ガン剤Aが1カ月で効かなかったら、抗ガン剤Bを1カ月間投与します。それも効果がなかったら、抗ガン剤Cを使います。つまり、「下手な鉄砲も数撃ちゃぁ、どれか当る！」式で投与し続けます。

そもそも抗ガン剤には強い毒性がありますから、原液を打ったら即死してしまいます。そのため、死なないレベルに薄めて、日を空けて注射したり、服用させたりするのです。

それでも毒は毒ですから、たとえガン細胞を殺すことができたとしても正常細胞も殺します。特に若い細胞から殺しますが、もっとも若い細胞（日々生まれる細胞）である頭皮細胞から死んでいきます。だから、頭髪が全部抜けてしまうのです。その次に1週間ほどで生まれ変わる食道の粘膜細胞が死にます。だから、流動食しか食べられなくなります（さらには流動食も食べられなくなります）。

抗ガン剤がうまく効かないと、A、B、Cと薬を替えて続けていきますが、そのうちに全身の臓器の細胞は次々とダメージを受けます。そのため体は体内に入った抗ガン剤という猛毒を少しでも早く体外へ排出しようと解毒反応を示します。それがおう吐や吐き気、食欲不振、下痢、腹痛などの症状です。

一方、抗ガン剤は免疫細胞である白血球をも殺すため、免疫力がどんどん低下していきます。そのために病原菌や悪性ウイルス、カビ菌などの感染症にかかりやすくなります。

乳ガン治療に抗ガン剤を使っていた女優の岡江久美子さんが新型コロナウイルスに感染して亡くなったのも、抗ガン剤によって免疫力がかなり低下していたことが影響したと思われます。抗ガン剤を何クールも行っていなければ、そもそも新型コロナに感染しないか、感染しても軽症で済んでいたことでしょう。

米国での報告によれば、抗ガン剤を1カ月以上投与し続けると、ガンはリバウンド現象で再増殖をはじめ、しかも増殖スピードが加速していくといいます。一気に末期ガンになり死亡リスクが高まるということです。

その原因は1985年、米国議会で米国ガン研究所（NCI）のデヴュダ博士が発表したといわれるように、抗ガン剤を投与すればするほどガン細胞は自らの遺伝子（ADG）を変化させ、抗ガン剤の特性に耐性を獲得し、抗ガン剤を無力化してしまうからだと考えられます。そのうえ抗ガン剤は、ガン細胞と戦う免疫細胞（NK細胞などのリンパ球）の製造機能を攻撃することで白血球を減少させ、免疫力そのものを低下させてしまうと考えられます。そのため、かえってガンを増殖させてしまうことになると思われます。

このように抗ガン剤は抗ガンよりも増ガンリスクのほうがはるかに高いと認識されるようになり、米国では抗ガン剤中心の医療が大きく方向転換していきました。それが世界全体にも広がっていったのです。

それに比べて日本のガン医療は35年遅れをとっているといわれ、いまだに抗ガン剤中心の治療を金科玉条として守っています。元アナウンサーの小林真央さんは抗ガン剤を5クール行って死亡しましたが、じつは抗ガン剤こそ死亡の真の原因だった可能性が高いのです。

年間37万人がわが国ではガンで死亡していますが、真相はそのうちの約8割に当たる30万人が抗ガン剤の副作用で亡くなっているのではないでしょうか。

## コロナワクチンによるガン発生の仕組み

世界的に有名になった米国ワシントン大学のハーディ・ジェームス博士は、3大ガン治療を拒否したガン患者の平均余命は12年6カ月であるのに対し、外科手術や抗ガン剤治療等を受けた患者は平均すると3年しか生きていないと報告したといわれます。

正常細胞がガン細胞へ変異する原因は大きく2つあるとされています。

①正常細胞のDNA（遺伝子）が農薬や合成食品添加物などの化学物質や大量の放射線、活性酸素などによって継続して傷つけられる場合

②長期間ストレスが続くと呼吸が浅くなり酸素欠乏になります。その際、一つの細胞内に数百から数千存在し、人体エネルギーの約95％を産生すると考えられているミトコンドリアが、酸素欠乏で不活性になった場合

2つのうち、一般的にガンの原因として多いのは後者の②です。たとえば、心臓の細胞1個には約4000個ものミトコンドリアが存在し、脳の細胞1個には約3000個ものミトコンドリアが存在するといわれます。もしそこに酸素が届かなくなったら生命を維持できません。

他の人体器官の場合は、ミトコンドリアが存在しなかった先祖細胞（20億年以上前の酸素呼吸をしない原核細胞）へ戻ることによって生き延びようとします。それがガン細胞です。

精神的ストレスが長期間続くとガンを発症しやすいことはわかっていますが、それはス

トレスで呼吸が浅くなり酸素欠乏状態が続くからです。そのうえ、化学物質などによって正常細胞の遺伝子が傷つくことも加わり、細胞のガン化や増殖が進みます。

以上が従来のガン発生のメカニズムを説明したものですが、コロナ遺伝子ワクチンは、それとは全く異なるメカニズムでガン発生をもたらすことがわかってきたのです。

その最大の特徴は、スパイクタンパクを人体内で作るために、遺伝子設計図mRNAを4層の脂質で出来たカプセルに封印したワクチンを肩筋肉に注射するところにあります。

実際には、ファイザー社とモデルナ社の遺伝子ワクチンは注射針を筋肉の多い肩に直角に2センチ深くまでブスッと刺して注入します。しかしこのとき、10ミクロンほどの小さい筋肉細胞内へダイレクトに太い注射針が入るわけではありません。

mRNAは筋肉細胞の周りの水漿部分に入り、すぐさまバラバラになって壊れてしまいます。これでは、mRNAは筋肉細胞へは入れませんし、当然スパイクタンパクは複製されません。

この問題を解決するため、ワクチンの開発者たちは何年も苦労しました。その結果、ファイザー社とモデルナ社は非常に薄い脂質ナノ粒子の膜でmRNAを包み込み、カプセルにすることにしたのです。

このカプセルは体内で簡単には分解されないので、ｍＲＮＡは体内でより長く存在できます。それでも徐々にカプセルが分解されるように、カプセルは水に馴染みやすく、かつ油（脂質）にも親和性をもつポリエチレングリコール（ＰＥＧ）という物質（合成界面活性剤）でコーティングされています。

新潟大学名誉教授の岡田正彦博士は、ファイザー社とモデルナ社のワクチンの基本技術を開発した２人の研究者、ワイズマン博士とカリコ博士が発表した共著論文32編（英語）をすべて読み解くなかで、ｍＲＮＡにはさらに改造が加えられ、カプセルにも改良が加えられて、より長期間にわたり分解、排除されず体内に残るようになっていることがわかったと述べています。

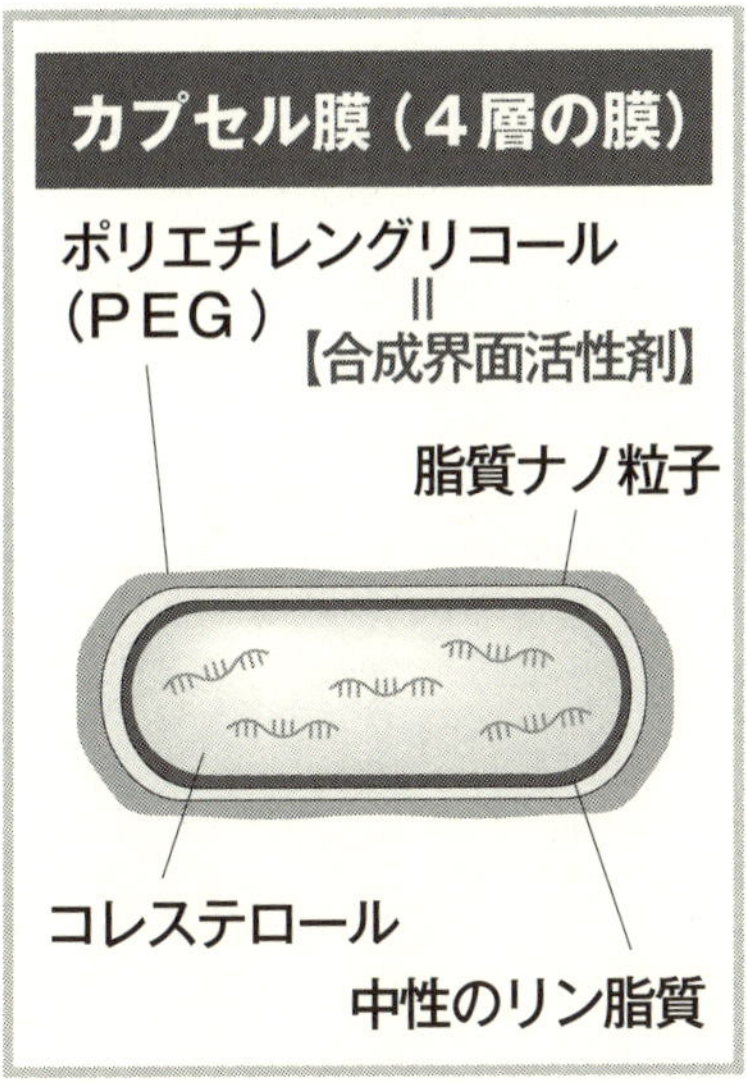

カプセル膜（4層の膜）

「ｍＲＮＡのコードの一部、および先頭部の構造を改造した結果、排除や分解がされないようになった」

このようにして出来上がった遺伝子ワク

チンが肩の筋肉組織へ注射されると、その25%が筋肉細胞に入り、筋肉細胞内でスパイクタンパクを長期間にわたって大量に複製するようになると考えられます。残りの75%は血管へ入り、全身へ移動しますが、その過程で血管の内皮細胞に入り、そこでも大量のスパイクタンパクが作られます。

このスパイクタンパクは血管内皮細胞にあるACE2レセプター（細胞の表面にある受容体タンパク質）に突き刺さるようにして合体します。その結果、内皮細胞は次々と炎症を起こすため、血管が傷つき、血栓が形成されます。それがサイトカインストーム（免疫暴走）によってさらに加速されます。

全身の筋肉細胞や血管内皮細胞、さらに心臓やすい臓、腎臓、肺、卵巣などの内臓でも数カ月から数年間以上にわたってスパイクタンパクが作られ続ける可能性が高いのです。これは、一時的な副作用レベルのことではありません。しかも、ワクチン接種回数が多いほど、スパイクタンパクは長期間にわたり作られ続けます。それが血管の内皮細胞に合体し、炎症を引き起こすため、血管の老化が進みます。

免疫細胞は、このようなスパイクタンパクをやっつけようと捕捉貪食して分解しますが、それによって増える免疫細胞の死骸により、ますます血栓が出来て血流悪化が進むと考えられます。

先述したようにスパイクタンパクは、エネルギー産生器官である細胞内のミトコンドリアにもダメージを与え続けます。それには二つの要因が考えられます。

一つは、臓器内には毛細血管が大量に存在していますが、スパイクタンパクによって血流が悪くなると、ミトコンドリアは酸素欠乏状態に陥り、不活性になります。もう一つは、スパイタンパクがミトコンドリアの細胞膜に直接突き刺さる（合体する）ことで、ミトコンドリアの活動が鈍り、不活性になります。その結果、正常細胞がガン化しやすくなり、ガン化のスピードも速くなると考えられます。

これが、遺伝子ワクチンによってガンが発症する仕組みです。先述したように、ワクチンのカプセルは徐々に破れるように作られているため、ｍＲＮＡによってスパイクタンパクは数年以上、場合によっては数十年にわたって作られ続ける可能性があると考えられます。

もちろん、この現象は接種回数が多いほど顕著になりますから、国を挙げて接種を進めた日本でガンが増えることにもなるでしょう。

遺伝子ワクチンは、今回のコロナワクチンを皮切りに、今後は他の感染症予防にも応用されることになっています。まず、2025年からインフルエンザワクチンがすべて、遺伝子（mRNA）ワクチンに切り替えられる可能性が高いでしょう。

厚労省や大手マスコミも、この事実を積極的に報じていませんが、コロナ遺伝子ワクチンによる後遺症やガン発症について、徐々に真相が明るみに出はじめています。

その一つが、月刊誌文藝春秋の2024年4月号、5月号、6月号に3回連続で掲載されたコロナワクチン後遺症に関する特集記事です。月刊誌文藝春秋は今でも全国のコンビニでも店頭販売されている数少ない月刊誌ですが、この特集記事が掲載されたときは大反響でした。

執筆者は京都大学名誉教授福島雅典氏です。1978年から愛知県ガンセンター・内科診療科医長、2000年から京都大学大学院医学研究科教授に就任したガン医療の第一人者です。

各月のテーマは「コロナワクチン後遺症の真実」（4月号）、「コロナワクチン後遺症 読者の疑問に答える」（5月号）、「コロナワクチン後遺症とがん」（6月号）となっています。関心のある方は、ぜひお読みください。

特にガンに関しては、4月号の記事の中で「さらに私が懸念している疾病があります。がんです」と指摘されています。ここでは、私がこの記事で特に注目した内容を紹介してみます。

福島氏によれば、厚生労働省が公表しているデータを用いて調べると、死因の上位は血管障害、心臓障害、状態悪化、肺炎、その他の順になるといいます。そして、なかでも血管障害と心臓障害だけで半数近くを占めると指摘されています。

また、未接種者より一回接種者、二回接種者と致死率が上がっていることから、ワクチンを打ったほうが感染時に死にやすくなっているのではないか、という仮説が成り立つとも述べています。

さらにガンに関しては、福島氏の仲間の医師がワクチン接種後のガンの死亡率を調査したところ、特定のガンの死亡率が上がっていることが明らかになったといいます。もっとも増加したのが血液のガンである白血病で、3回目接種後に一気に増加しているのが乳ガンであり、卵巣ガンは接種1回目から増加しているというのです。

このことについて福島氏は、発症率が上がっているガンがある可能性や、発症後の進行が通常では考えられないほどはやまっている可能性もあること、その要因としては免疫力の低下と、スパイクタンパク質がガン抑制遺伝子など体内の予防的な働きを抑制してしまう可能性があることなどを指摘しておられます。

そして、スパイクタンパク質の体内での蓄積については、卵巣への蓄積が顕著であり、骨髄にも比較的多く蓄積されていると述べておられます。このことは、ガン種別で2022年の死亡率がもっとも高かったのが卵巣ガン、次に白血病であることとの関係性が疑われ気になるとも述べておられます。

# 2章 収まらないワクチン後遺症と原因不明の病気！

## ワクチン後遺症は特に女性に顕著に現れている

新型コロナウイルスに感染後、後遺症が残るケースがあります。もっとも多いのは、だるさや息切れ、胸部苦痛などですが、ほとんどは1～2カ月で治ります。まれに半年くらいかかるケースもありますが、ほとんどは解消します。ですから、新型コロナ感染による後遺症のほとんどは一過性のものです。

ところが、ワクチン接種が原因で生じる後遺症の場合は一過性でなく、長期間にわたって続くことが多いのです。場合によって一生涯続くこともあり得ます。それだけではありません。ワクチン接種後に新型コロナに感染すると、その後遺症も一過性でなく、長期にわたって続きます。それは、後遺症の真の原因が新型コロナ感染によるものではなくワクチン接種にあるからだと考えられます。

しかも、全国から集まってくる情報を見ていますと、ワクチン後遺症は接種直後から起こる突然死や副作用と違って、しばらく経過してから徐々に出はじめるケースが多いため、体に起こった異変がワクチン接種によるものだとは気づかないことが多いのです。医療機関を受診しても、ほとんどの医師はワクチン接種と関係があるとは診断しないため、ますますワクチン接種との関係性に気づきにくいのです。医師によってはうすうす気づいていても、確かな治療法もないので、はっきりとした診断を下すことはできないのでしょう。

私はワクチン接種に関連する書籍として『免疫を破壊するコロナワクチンの解毒法』と『コロナワクチン「毒」からの脱出法』を出版しています。この2冊の書籍との出会いをきっかけに、全国で開催していますセミナーに参加する方が増えていますが、そのなかにはワクチン後遺症で苦しんでいる方たちもかなりいます。男女別では、女性が8割前後を占めています。

さらに、後遺症を発症するパターンを見ていきますと、すでにワクチンを何回か接種しているためにワクチン後遺症が現れているケースと、本人はワクチンを接種していないのに、ワクチン接種を受けている周囲の人からスパイクタンパクのシェディング（体外への排出）を受けることで、ワクチン後遺症が現れているケースがあります。

特に女性に関してワクチン後遺症としてもっとも多いのは全身の倦怠感です。次に頭痛や腕・肩などのしびれ、生理不順、息切れや動悸、胸の痛み、視力の低下、記憶力の低下やブレインフォグ（頭に霧がかかった感覚）、集中力の低下、憂うつ感、帯状疱疹、不眠、自律神経失調症などです。

よくこんな声を聞くこともあります。「最近、疲れやすいわ！」「寝ても疲れがとれないわ！」「ときどきめまいや立ちくらみをする」「胸が痛い」「息切れがする」「夜、ぐっすり眠れず、昼間ボーッとしたり、眠くなる」……。

これらは全般に女性特有の更年期障害に似ているため、ワクチン後遺症を疑う前に年齢のせいと思ってしまうことも多いようです。

その他にも、生理不順や不正出血の異常に気づくとか、「頭に霧がかかったようなモヤモヤが続いている」「突然帯状疱疹が出て、なかなか治らず痛い、苦しい！」といった悩みを聞くことも多くあります。

私が運営するミミテックの会員で情報を寄せてくれる産婦人科の医師たちからは、異常分娩や流産が多くなったとか、誕生した赤ちゃんにじん麻疹や赤疹などの皮膚炎が認められるケースが増えているという報告が入ってきています。

たとえば更年期障害が酷すぎるため医療機関を受診すると、「原因はわからない」と診断されることが多く、心療内科や精神科の受診をすすめられることもあります。本人も、遺伝子コロナワクチンの後遺症について知らないため、不安が膨らみます。

なぜ、このようなワクチン後遺症が女性に多く発症するのでしょうか。その原因は大きく2つ考えられます。一つは、男女に共通していることですが、ワクチン接種によって人体内で作られ続けるスパイクタンパク（トゲタンパク）が全身の血管にダメージをもたらすからです。それは女性の体にもさまざまな被害をもたらします。

もう一つは、遺伝子コロナワクチンのカプセルを構成するポリエチレングリコール（PEG）が、特に女性の体に大きな被害をもたらすからです。

## スパイクタンパクが体内で増殖するメカニズム

ここで、スパイクタンパクがなぜ血管にダメージを長期にわたってもたらすのか、もう少し考察してみたいと思います。このことは、遺伝子ワクチンが2年前に登場したときから注目してきたことですが、とても重要なことなので、改めてそのポイントを整理しておきます。

そもそもコロナウイルスは人体細胞のように自らエネルギーを生産する機能を持ち合わせていないため、自ら増殖できません。そこで人体細胞のように細胞内でエネルギーを生産できる他の生命体（細胞）に入り込み、そのエネルギーを利用します。さらに、その細胞が持つ遺伝子複製システムを利用してコロナウイルス自身のRNA遺伝子をコピーして繁殖します。

コロナウイルスは、その表面にあるタンパク質の突起物（スパイクタンパク）を使って、人体細胞の表面にある受容体（レセプター　ACE2受容体タンパク質）と結合し、人体細胞内へ侵入します。

この仕組みを利用したのが遺伝子コロナワクチンです。スパイクタンパクの設計図であるmRNAをワクチンとして人体細胞内に入れ、そこでスパイクタンパクを作ることでコロナウイルスに対する免疫抗体が出来るという仮説に基づいています。

ところが人間の細胞膜の成分の6割は脂分のため、脂質成分のものしか細胞膜を通過できません。遺伝子ワクチンにはｍＲＮＡを包み込んだ大量のカプセルが入っていますが、そのカプセルの膜を４層の脂質ナノ粒子膜で作ることで、大量のｍＲＮＡが人体細胞膜を通過し、細胞内へ入りやすくしたのです。さらにカプセルを安定させるためにポリエチレングリコールなども使用しています。しかし、これらは体内では分解しない毒物であり、遺伝子ワクチンを肩の筋肉に注射することで体内に蓄積していくと考えられます。

ファイザー社もモデルナ社もこの技術を開発するために何年もの歳月をかけ、特許を取得しています。それによって、ｍＲＮＡを包んだカプセルはまるごと人体細胞内へ侵入できるようになるはずでした。

実際は、簡単にはｍＲＮＡはカプセルからいきなり外へ飛び出ることができません。カプセルを形成しているポリエチレングリコールは水には溶けないからです。スーパーやお店のポリエチレン袋は水の中や土の中で何十年経過しても溶けません。そのため、海洋や土壌汚染の大きな原因になっています。海亀などの体内にそのまま蓄積されていることもよく知られています。

ワクチン接種により人体細胞内に入ったポリエチレングリコールで包まれたカプセルが破れてはじめて、ｍＲＮＡが細胞内へ散らばります。ところがポリエチレングリコールが水に溶けにくいため、すぐに破れるカプセルもあれば、数カ月、数年、数十年経っても破れないカプセルもあると考えられます。ということは、ワクチン後遺症はかなりの年月にわたって人体に悪影響を及ぼし続ける可能性があるということです。

カプセルが破れ、外に飛び出したｍＲＮＡは細胞内でスパイクタンパクを作ります。このとき、スパイクタンパクがすぐに大量に作られる場合と、ゆっくり少しずつ作られる場合があります。

また、スポーツや仕事で体を鍛えていて肩筋肉が多い場合は、すぐに大量のスパイクタンパクが作られることが多いようですし、代謝力や細胞分裂が活発な子どもや若者の場合も同じようです。

いずれにしても、スパイクタンパクが体内で大量に作られるほど、細胞から飛び出したスパイクタンパクは、血液の流れに乗って全身に広がります。

ｍＲＮＡを大量に包み込んだカプセルは肩注射後、その約25％は肩筋肉細胞内に侵入しますが、約75％は毛細血管へ侵入するといわれます。血管ではスパイクタンパクが血管壁を形成する内皮細胞に突き刺さるようにして合体します。すると血管の内側はブラシのような状態になり、血流障害が起こります。

血液は血管の中を20秒から1分間で、まるでジェットコースターのように循環し、酸素や栄養素を全身の細胞に運び、老廃物を持ち帰って排出する働きをしていますが、スパイクタンパクによる血流障害により、その働きが妨げられます。

それだけではありません。マクロファージや好中球、NK細胞などの大きな免疫細胞はスパイクタンパクを敵として捕捉し分解するために攻撃を加えますが、このとき免疫細胞の死骸が大量に発生し、それも血栓を引き起こす原因になると考えられます。

そのために、特に血管が多い器官である心臓や脳ではコロナワクチン接種による血管障害が生じやすく、心臓では心筋炎や心筋梗塞、脳では脳内出血や脳血栓、脳梗塞、くも膜下出血などが起こります。

先ほど普段から肩筋肉を鍛えているほどスパイクタンパクが大量に作られると考えられると述べましたが、そのために血栓が生じる可能性も高くなります。また、高齢だったり、高血圧、糖尿病などの基礎疾患で血管が弱っていたりする状態でスパイクタンパクが増えると、ますます血管障害が起こりやすくなります。

特に高齢者の場合は、遺伝子ワクチン接種後1カ月以内に死亡したり、酷い後遺症を発症したりするリスクが高くなると考えられます。そのことは、私の元に集まってくる情報からもわかります。

じつはまだ年齢の小さな幼児や小学生にも似たような現象が起こりやすいこともわかっています。遺伝子ワクチンを接種すると、身体が小さいため、スパイクタンパクによる血管障害が生じやすく、血栓による心筋炎などで死亡に至るリスクもあるのです。ファイザーは子どもの治験で、そのことを事前に把握していたため、5歳から11歳までの子どもにはワクチン量を大人の3分の1にしました。さらに、生後6カ月から5歳未満の小児にはワクチン量を大人の10分の1にしました。

このことに関連しますが、日本にワクチン後遺症患者が多いのは欧米と比べ、日本人は小柄ですし、同じ日本人でも女性は男性に比べてさらに小柄なため、ワクチン後遺症の影響が出やすくなるのだと考えられます。

もうひとつ、ワクチン後遺症は代謝力が活発であるほど生じやすいという傾向があります。なかでも子どもや若者は代謝が活発なため、遺伝子ワクチンを接種すると細胞内でスパイクタンパクがより多く作られます。ワクチン接種後、体の状態が急変したという報道もありましたが、それは体内で急激に増えたスパイクタンパクに免疫細胞が激しく反応したためと考えられます。

いずれにしても、接種回数が多いほど、人体細胞に入るカプセルは増えていきますし、体内で作られるスパイクタンパクも増え続けます。そのため、ワクチン後遺症は長期化し、一生涯続くこともあるかもしれません。

私の元に集まってくる情報でも同じような傾向が認められます。4回、5回、6回、7回と接種回数が多くなるほど高齢者や後期高齢者の老化スピードが速くなったり（10倍前後も速くなることも）、持病が急激に悪化したりすることが起こっています。

先述した福島雅典教授は文藝春秋の連載の中で、スパイクタンパクが体内で大量に作られる様子を次のように述べています。

「コロナワクチンの影響に関しては、命を落とさないまでも後遺症に悩まされている人は数多く、その影響はあらゆる体内組織に及んでいることがわかってきました。また、接種によって感染リスクがかえって高まる可能性も大いに考えられるデータが出ています。

さらにスパイクタンパク質の設計図となるｍＲＮＡを脂質ナノ粒子で包んだことによって、さまざまな問題が生じることになったとみられます。

脂質ナノ粒子は体内を循環し、あらゆる細胞膜に入り込みます。先のラットの試験が示すとおり（文藝春秋の記事参照）、あちこちの臓器に分布していきます。

これが細胞に取り込まれると、mRNAの設計図どおり、スパイクタンパク質が産生されます。加えてmRNAを取り込んだ細胞は、エクソソーム（細胞外小胞）という粒を放出するという研究結果があります。エクソソームとは細胞間を行き交う小包のようなもので、mRNAを分解から保護しつつ、血管やリンパ系、神経線維内を自由に移動します。これによってますます全身に分布し、スパイクタンパク質が大量産生されることになります」

さらに、スパイクタンパクが結合しやすい細胞が多く存在するのが血管の内皮であるとして、次のようなことも述べておられます。

「そのスパイクタンパク質に特異的に結合する受容体が多くあるのが血管の内皮です。まずいことに、スパイクタンパク質には血液の凝集を促進する作用があることが明らかになっています。血管内で心血管疾患特有の炎症を引き起こしたり、血栓を作ったりするのです。

ワクチンの副作用や死因に血管系障害と心臓障害が多い理由は、ここにあると私は考えています。

血管系障害と心臓障害は、ワクチン接種後ほぼあらゆる人の体内で起きているのではないか。ワクチンを打った後に筋肉痛や発熱が起きやすいのも、広い意味での血管炎と捉え

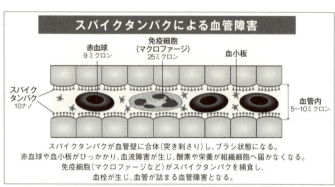

**スパイクタンパクによる血管障害**

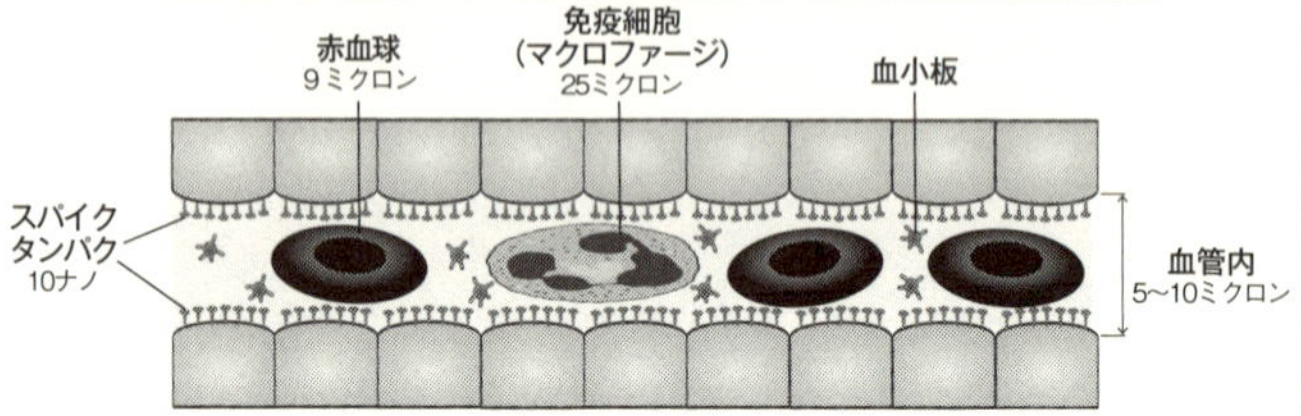


スパイクタンパクが血管壁に合体(突き刺さり)し、ブラシ状態になる。
赤血球や血小板がひっかかり、血流障害が生じ、酸素や栄養が組織細胞へ届かなくなる。
免疫細胞(マクロファージなど)がスパイクタンパクを捕食し、
血栓が生じ、血管が詰まる血管障害となる。

ると理解できます。程度が軽ければ、本人が自覚しないうちに治るケースもあるでしょう。

血管以外でも、異物であるスパイクタンパク質がどんどん産生されれば、自己免疫反応が起きます。スパイクタンパク質を産生する自身の細胞を免疫が攻撃することによって、非常に激しい炎症が起きたり、組織損傷を引き起こしたりする可能性が出てきます。リウマチや皮膚筋炎といった自己免疫疾患が多発しているのは、これが原因でしょう。

また、スパイクタンパク質との戦いを続けているうちに、体に備わっていた免疫機能が低下します。その結果生じる副作用の一例が、帯状疱疹だとみられます」

このように、コロナワクチン接種後、急に発症した疾患や長期間続いている副作用、後遺症などが、あらゆる体内組織で生じていることを医学学会で報告されています。

この表にある病気の原因のほとんどは、コロナ遺伝子ワ日本国内においてコロナワクチン接種後、急に発症するなど、医学学会で報告や検討された疾患（2021年12月~2024年７月）

| | |
|---|---|
| 心臓の病気 | **心筋炎（複数）**,心膜炎（複数）,完全房室ブロック,心筋梗塞,Brugada症候群,心房細動,致死性不整脈,冠動脈瘤、Valsalva洞動脈瘤,心タンポナーデ |
| 腎臓の病気 | **肉眼的血尿（多数）**,腎炎（複数）,**IgA腎症（多数）**,ループス腎炎（複数）,**ネフローゼ症候群MCNS含（多数）**腎硬化症,多発血管炎（複数）,**間質性腎炎（多数）**血栓性微小血管症、急性尿細管障害（複数）,腎不全 |
| 甲状腺の病気 | 亜急性甲状腺炎（多数）,甲状腺クリーゼ（複数）,バセドウ病（多数）,破壊性甲状腺炎（複数）,慢性甲状腺炎 |
| 糖尿病 | 1型糖尿病発症（多数）,糖尿病性ケトアシドーシス（複数） |
| 肝臓の病気 | 自己免疫性肝炎（複数）,急性B型肝炎,昏睡型急性肝不全,薬物性肝障害 |
| 皮膚の病気 | **帯状疱疹（多数）**,円形脱毛症増悪（複数）,皮膚筋炎（複数）,好中球性紅斑,全身性膿疱性乾癬（複数）,遷延性掻痒性紅斑,膿疱性乾癬,扁平苔癬,好酸球性蜂窩織炎,全身性強皮症,急性汎発性発疹性膿疱症,類天疱瘡 |
| 目の病気 | ぶどう**膜炎（多数）**,視神経炎,硝子体出血,多発消失性白点症候群（複数）,網膜分枝静脈閉塞症（複数）,網膜血管閉塞,網膜外層障害（複数）,ヘルペス角膜炎,Valsalva網膜症,AMN,網膜血管炎,網膜色素上皮炎,眼球運動障害（複数）,網脈絡膜循環障害（複数）,視神経症,多巣性脈絡膜炎,強膜炎,急性網膜壊死（ARN） |
| 血液の病気 | 発作性血色素尿症（複数）,血小板減少性紫斑病（複数）,血球貪食症候群（複数）,後天性血友病,自己免疫性血液凝固異常症,血小板減少を伴う血栓症,自己免疫性後天性凝固因子欠乏症,血小板減少,重症自己免疫性第XIII/13因子欠乏症,重症溶血性貧血,メソトレキセート関連リンパ増殖性疾患,発作性寒冷ヘモグロビン尿症von Willebrand症候群 |
| 血管の病気 | 血管炎（複数）,**IgA血管炎（多数）**,（好酸球性）**多発血管炎性肉芽腫症GPA（多数）**,ANCA関連疾患（多数）,分節性動脈中膜融解症、高安動脈炎,大動脈炎症候群下肢広範深部静脈血栓症,血管炎による多臓器出血,解離性動脈瘤破裂、静脈洞血栓症,**硬膜動静脈廔（多数）**,皮膚血管炎, |
| 神経の病気 | 顔面神経麻痺（複数）,ギラン・バレー症候群（複数）,脱髄性多発神経炎（複数）,脊髄炎（複数）、痛覚変調性疼痛,一過性全健忘,周期性四肢麻痺,悪性症候群,声帯機能障害,解離性神経症状、重症筋無力症感音難聴,脱髄性ニューロパチー,脳炎,てんかん発作前骨間神経麻痺,後骨間神経麻痺 |
| 全身の病気 | サルコイドーシス（多数）,全身エリテマトーデス（複数）,多発性筋炎（複数）,多臓器出血,アナフィラキシー,TAFRO症候群,小児多系統炎症性症候群,IgG4関連疾患（複数）,成人発症Still病 |
| 脳の病気 | 下垂体炎（複数）,ACTH単独欠損症（複数）,帯状疱疹ウイルス脳炎（複数）,くも膜下出血（複数）,脳梗塞（小児）,脳動脈瘤破裂,脳炎,脳出血,下垂体卒中,中枢性尿崩症（多数）,脳梁病変,自己免疫脳炎・脳症,脳脊髄炎,下垂体機能低下症 |
| 肺の病気 | 胸膜炎,肺胞障害,肺塞栓症,呼吸窮迫症候群,肺胞出血,肺塞栓症,血栓塞栓性肺高血圧症、間質性肺炎,重症気管支喘息の増悪 |
| 副腎の病気 | 副腎不全（複数）,副腎機能低下症（複数）,副腎クリーゼ |
| リンパ節<br>リンパ腫 | 反応性リンパ節腫大,TAFRO症候群（複数）,悪性リンパ腫 |
| 消化管の病気 | 潰瘍性大腸炎（複数）,重症腸炎 |
| 他 | **筋炎（複数）**,**（関節）リウマチ（多数）**,多発関節炎（複数）,多発筋痛症,壊死性ミオパチー,RS3PE症候群,群発頭痛,横紋筋融解症,無月経,低Na血症 |

一般財団法人LHS研究所　https://www.lhsi.jp/lhsi_profile/

クチン（コロナｍＲＮＡワクチン）接種後、人体細胞内で作られ続けるスパイクタンパクによってもたらされる血流障害と血管の老化にあると考えられます。

スパイクタンパクを分解しない限り、ワクチン後遺症は一向におさまりません。

## インフルエンザワクチンが遺伝子(mRNA)ワクチンになる！

モデルナ社で２０２３年にｍＲＮＡインフルエンザワクチンの開発が済み、有用性の確認試験に入っています。Ｍｅｉｊｉ Ｓｅｉｋａファルマ社は米国アルカリス社と共同で２０２３年夏、福島県南相馬市にｍＲＮＡワクチン専用の製造工場（巨大なサティアン）を完成し、操業開始しました。

経済産業省は、「ワクチン生産体制強化のためのバイオ医薬品製造拠点等整備事業」の一貫で数十億円を提供。それを受けて第一三共の子会社第一三共バイオテックは、埼玉県北本市に製造設備を構えて量産の準備中。タカラバイオもｍＲＮＡワクチン製造体制を整えています。

２０２２年10月に経済産業省は、ワクチン生産体制を強化するために企業の設備投資を補助する事業として17件（2265億円）を選定しています。その一つ塩野義製薬は、岐阜県池田町に生産設備を完成させています。イギリスのアストラゼネカ社からワクチン製造を請け負う製薬メーカー「JCRファーマ」は、製造工場を神戸に建設。

ワクチン競争で日本は世界から遅れをとったため、日本政府はmRNAワクチン生産国になることで経済発展をしようと後押ししているのです。米国のファイザー社、モデルナ社、英国のアストラゼネカ社などの巨大な国際製薬会社（ビッグ・ファーマ）が日本の製薬会社と組んで、mRNA型ワクチンを開発、製造し、国内外に販売してゆく体制を進めています。

このように、いくつもの製薬会社が12種類以上のmRNA型ワクチンを開発中です。日本はまさしく、その大規模実験（治験）の場になろうとしているのです。

## mRNAインフルエンザワクチンが人体に及ぼす影響

従来のインフルエンザワクチンは、すべて不活化ワクチンです。不活化ワクチンとは、インフルエンザウイルスをニワトリの卵に入れ、6カ月～8カ月間かけて培養して増やしたウイルスを殺し、その死骸を粉々にして血管注射するというものです。

一方、新しく登場するｍＲＮＡインフルエンザワクチンなら1カ月で製造できます。卵で半年以上かけてウイルスを培養して製造する従来の不活化ワクチンと違い、ｍＲＮＡインフルエンザワクチンは新しい型のインフルエンザウイルスが出現すると、そのスパイクタンパク（ヘムアグルチニン）の遺伝子設計図（ｍＲＮＡ）を短期間に作れるからです。

出来上がったワクチンを肩筋肉に注射すると大量のインフルエンザスパイクタンパクが体内で作られ、それが血管障害や免疫系にダメージを与えると思われることは新型コロナワクチンと同じです。

一般にインフルエンザへの感染は、インフルエンザウイルスの表面にあるスパイクタンパク（ヘムアグルチニン）が喉の粘膜細胞膜にあるシアル酸受容体に結合することで起こります。しかし免疫システムが正常に機能していれば、その前に免疫細胞のマクロファージが侵入したインフルエンザウイルスを貪食し、殺してしまうので感染には至りません。

もしインフルエンザウイルスに感染してしまった場合は、熱に弱いウイルスを殺すために体はあえて高熱を発します。さらに免疫細胞のＴ細胞がウイルスを殺し、その情報を使ってＢ細胞が免疫抗体を作ることで獲得免疫が備わります。

ワクチン接種の主な目的は、感染する前に免疫抗体を作ることにありますが、ｍＲＮＡインフルエンザワクチンの場合は体内にインフルエンザウイルスのスパイクタンパクを作ることで免疫抗体を作るという仕組みになっています。つまり、ｍＲＮＡインフルエンザワクチンは、人体をスパイクタンパクの製造装置にすることで免疫抗体を作ろうとしているのです。

一方、インフルエンザウイルスと結合するシアル酸受容体は喉の粘膜細胞だけにあるわけではありません。赤血球表面にも存在しているため、ｍＲＮＡインフルエンザワクチンで大量に産生されたスパイクタンパクは赤血球にも結合し、「赤血球凝集反応」を引き起こします。それによって血液がドロドロ化します。

そのほかにもシアル酸受容体を持つ細胞は血管内皮や全身の内臓などに存在します。それらの細胞にスパイクタンパクが結合すると、体内のいたるところで感染細胞が発生します。免疫細胞がそれらを攻撃するために生じるのが「自己免疫疾患」です。

こうして、新型コロナワクチン接種後にワクチン後遺症が発生し、長期間続くことはすでに述べましたが、同様なことがｍＲＮＡインフルエンザワクチンによっても引き起こされると思われます。

そもそも、従来のインフルエンザワクチン（不活化ワクチン）はインフルエンザ感染予防に全く役立っていないどころか、年間4000万人のインフルエンザワクチン接種者のうち、1000万人がインフルエンザに感染しているともいわれます。逆にワクチン接種をしないことでインフルエンザにかからないと考えられるという皮肉な結果になっています。これはワクチン接種すると逆に免疫力が低下するからで、すでに多くの医師の間でも周知の事実となっています。

それでも従来のインフルエンザワクチンの後遺症はそれほどひどくならないで済みますが、新たに登場する遺伝子（ｍＲＮＡ）インフルエンザワクチンは状況が変わります。接種すると体内細胞内でスパイクタンパクが作られ続けるからです。

# パート II

# 医学革命をもたらす原始ソマチッド！

# 1章 原始ソマチッドとの出会いのいきさつ

私は20数年前から、日本にのみ自生する木曽ヒノキ、青森ヒバなど深山に自生する国有林の35種類の針葉樹（樹齢数百年から千年）から抽出した「森の香り精油」について研究し、活用してきました。

この「森の香り精油」は、有害な菌（病原菌、腐敗菌、カビ菌など）や病原性ウイルスを殺す作用、有害な虫（蚊、ダニ、白アリなど）に対する防虫作用が優れていることで注目されています。

ヒノキの風呂に入ると、人体の皮膚脂肪細胞下に蓄積された医薬品や合成食品添加物、日常生活用品に含まれる合成界面活性剤、農薬などに含まれる化学物質（石油から化学合成された有害物）が皮膚から体外へ排出（デトックス）されると考えられますが、これも香り精油の働きです。

さらにその香りには、脳を癒し、精神的なストレスを解消する働きがあることもわかっています。

## ヒノキ科樹木の「森の香り精油」でウイルス対策

今のところ、インフルエンザウイルスやコロナウイルスを直接殺す医薬品は存在していません。一般的な風邪ウイルス（ライノウイルスやアデノウイルス）についても同様です。ですから、風邪ウイルスを殺す薬を作ることができたらノーベル賞レベルの偉業であると昔からいわれています。ところが、医薬品の研究や開発がかつてないほど高度に進歩したはずなのに、なぜか人体に侵入したウイルスを殺す医薬品は開発されていません。

細菌や病原菌は、抗生剤（抗生物質）などの医薬品で殺せます。有名なのはストレプトマイシンなどの抗生物質で、これらによってコレラやペスト、結核などの原因になる病原菌を殺すことができました。その代わり、4日間以上連続して服用すると、腸内細菌をも殺し、消化力の低下や腸内腐敗を招き、腸管免疫力が低下し、さまざまな感染症や病気にかかりやすくなるという弊害があります。しかも、ウイルスを殺すことはできません。

それは、ウイルスが病原菌や細菌よりもはるかに小さく、人体細胞に侵入して増殖するからです。そのウイルスを殺そうとすると、細胞そのものまで殺してしまうことになります。飼育されている鶏や豚がウイルスに感染した場合は焼却することで細胞ごとウイルスを殺してしまいますが、人間の場合はもちろん、そんなことはできません。

今、幾種類ものワクチンの開発が行われていますが、残念ながらどのワクチンもウイルスそのものを殺すことはできていません。あくまで特定のウイルスの働きを弱める手助けをするだけです。しかも、そのウイルスが変異すると、それすら期待できるとはかぎらず、結局はまた新たにワクチンを開発しなければなりません。

今後、どのようなワクチンが開発されるかはわかりませんが、少なくとも現時点ではウイルスを殺すことのできるワクチンや医薬品は開発されていないのです。そんななかで、抗ウイルス効果が注目されているのがヒノキ科樹木の森の香り精油です。

詳しくは、拙著『樹齢千年の生命力「森の香り精油」の奇跡』で紹介しましたが、ヒノキ科樹木の森の香り精油が持つ強力な抗ウイルス効果についてまとめておきます。その秘密は、この精油の3大パワーであるフィトンチッドパワーとアロマテラピーパワーと原始ソマチッドパワーにあります。

フィトンチッドとは樹木が発散する揮発性芳香物質で有害な微生物の活動を抑制する作用があります。病原菌や腐敗菌、有害カビ、有害ウイルスを殺し除去する作用もあります。

特にヒノキ科樹木の森の香り精油には、インフルエンザウイルスやコロナウイルス、ノロウイルスなどの病原性ウイルスを殺す作用があることを示す実験データが出ています。また、強毒性のインフルエンザウイルスA型や今回の新型コロナウイルスを瞬時に殺してしまう実験データも出てきています。

さらに、このヒノキ科樹木の森の香り精油を空間に拡散しておくと、有害ウイルスや病原菌、腐敗菌、カビ菌などが死んで除去できることもわかってきています。たとえ新型コロナウイルスやインフルエンザウイルスが変異しても、ヒノキ科樹木の森の香り精油は変わらず効果を発揮する大自然のパワーを秘めていると考えています。

## 「森の香り精油」を噴霧する方法を開発

フィトンチッドパワーとアロマテラピーパワーを持つヒノキ科樹木の森の香り精油の存在を知ったときから、私はその働きを日常生活の中で活用する方法についても研究しはじめました。その成果が結実したのが、室内空間噴霧器（ＭＯＲＩ ＡＩＲ）です。森の香り精油を超極小微粒子にして室内に噴霧するシステムを確立できたのです。それによって、病原菌、腐敗菌、カビ菌、病原性ウイルスを殺せることは、公的機関の実験データでもすでに確認されています。

ＭＯＲＩ ＡＩＲの専用液は、伊勢神宮建て替えに使う御神木（樹齢数百年から千年）が生育する御嶽山の木曾ヒノキをメインに、青森ヒバ、紀州ヒノキ、秋田杉、熊本のクスノキ、コウヤマキ、サワラ、北海道トドマツなど35種類の針葉樹（クスノキのみ緑葉樹）から抽出した森の香り精油です。

実際には全国の国有林の間伐材や枝打ち材が使用されていますが、森の香り精油はごくわずかしか抽出できません。たとえば1トンの青森ヒバからは、わずか20㎖のヒノキチオールしか抽出できません。

この精油（植物性除菌消臭液ＰＣＫ）が新型コロナウイルスを瞬時に99・6％以上、数秒後には１００％殺して（不活化して）しまうという実験データが出ています（次頁を参照）。

ＭＯＲＩ ＡＩＲによって、森の香り精油を超極小微粒子にし、室内空間に噴霧し拡散し

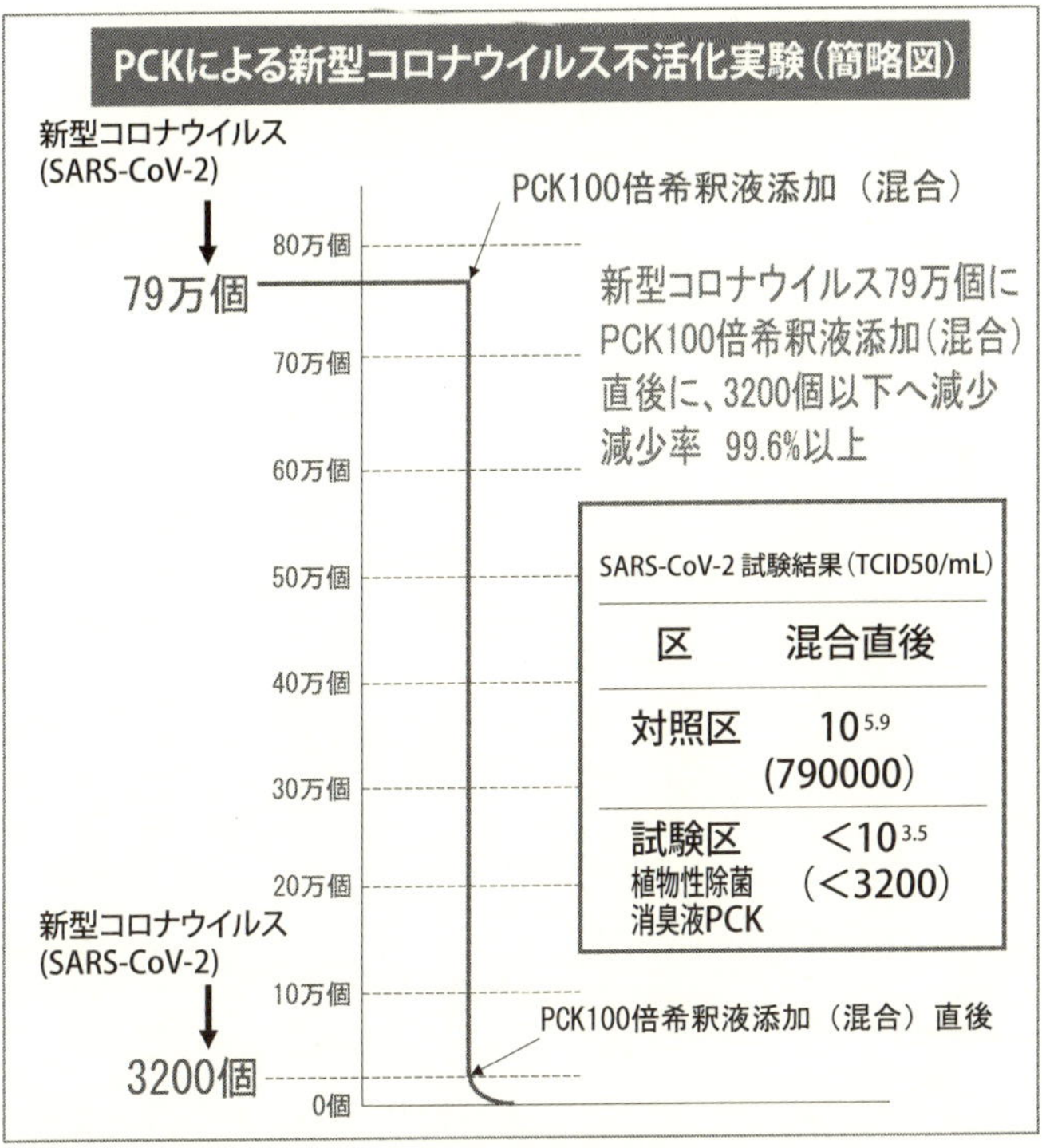


製造元㈱フイルドサイエンスが依頼し、㈱食環境衛生研究所で令和３年10月28日〜11月29日に試験をし、新型コロナウイルスにこのPCKを接触させた瞬間に99.6％以上の新型コロナウイルスが不活化した効果が確認されました。

試験報告書（試験番号　217352N-1）㈱食環境衛生研究所

ていると、蚊や畳の中のツメダニは嫌がって逃げ出します。しかも、化学物質で作られた殺菌剤は有害菌のみならず有益菌までも全部殺しますが、この精油は、悪い菌や有害なウイルスのみを殺し、人体に必要な有益な常在菌や発酵菌（善玉菌）、有益なウイルスは保護します。

ＭＯＲＩ ＡＩＲの開発には15年の歳月がかかり、平成27年の春に完成しました。当初は、この森の香り精油の認知度が低く、それを噴霧するＭＯＲＩ ＡＩＲについても理解を得ることは難しかったのですが、しだいに全国で理解者が増えてきました。

じつは、今から20数年以上前に、この森の香り精油を水で数十倍に希釈して自然揮発拡散させる方法を確立し、そのための装置を６０００万円かけて開発したことがあります。室内の除菌・消臭で画期的な効果はあったものの、心地良い香りの成分が数日間で消えてしまうなど、いくつかの課題点をクリアできず、そのときは開発を中断してしまいました。すべての課題がクリアできたのは、それから15年後のことです。

今回は、水で薄めず森の香り精油の原液を特殊な特許装置で密封したまま１００万分の1ミリ（ナノレベル）前後の超極小微粒子にし、噴霧できるようにしました。その画期的な噴霧器がＭＯＲＩ ＡＩＲです。

森の香り精油をナノレベルという超極小微粒子にすることで室内空間の隅々まで拡散させると、しばらくは落下せず空間に広がり漂っています。たとえば寝室やリビング、職場、病院などに設置しておくと、その空間は森の香り精油のナノレベルの微粒子で満たされます。その結果、微粒子はカーテン、エアコン、カーペット、壁はもちろんのこと、人体皮膚にも浸透しますし、鼻や口から入って気管を通り肺まで届きます。さらに肺から血液中に入って全身の細胞まで1分ほどで運ばれます。

MORI AIR

全国からは、花粉症やぜんそくの症状がその日から軽減された、寝室で使っていると家族が誰一人、風邪やインフルエンザにかからなかったというお礼の声が毎年数多く届くようになりました。特に新型コロナウイルスのパンデミックが起こるやいなや、その対策に活用する人が一気に増えました。新型コロナウイルスのクラスターが発生した病院で使用されている例も出てきましたし、事務所や塾、保育園、クリニック、歯科医院に設置しているところも増えました。

森の香り精油は自律神経を安定させるので、夜は熟睡できるようになり、昼間は脳が活性化して集中力が高まるため、仕事や勉強がはかどります。また、塾や学校、保育園などに置いて、子どもたちの風邪やインフルエンザ対策、新型コロナ感染防止に活用しているところも増えています。子どもたちの脳が活性化して学習効果が上がったという報告も多数あります。

さらに、お年寄りの認知症予防を期待して設置しているところもあります。グループホームに入所していた94歳の私の父は認知症が驚くほど軽減し、担当医師や職員は「奇跡だ！」と驚いていました。

他にも、画期的な変化があったという情報が全国から寄せられています。なかでも注目されたのは「肺ガンが消えた」「間質性肺炎が改善した」「入院していた親（高齢者）の肺炎が早く改善した」……といったものです。

## 森の香り精油の秘密のパワー

こうしたことが起こる理由は、すでに述べたように、ヒノキやヒバ、杉、松などの針葉樹やクスノキが放つ揮発性芳香物質（森の香り精油）にありますが、その秘密は、この精油が持つ「フィトンチッドパワー」と「アロマテラピーパワー」にあります。

### ①フィトンチッドパワー

まずフィトンチッド（phytoncide）という言葉は、高等植物（phyto）という言葉と、殺す（cide）という言葉が組み合わさったものです。針葉樹木が自らの身を守るために、腐敗菌や病原菌、カビ菌などや悪性のウイルスを殺し、害虫を寄せ付けないためにフィトンチッドパワーをもつ揮発性芳香物質（森の香り精油）を発散させます。

とはいっても、有益な発酵菌を殺すことはなく、保護します。このことは、味噌やしょう油を発酵させるときに使われる樽が昔から杉やヒノキであることでもわかります。こうした樹木には森の香り精油が豊富に含まれているからです。

フィトンチッドの3大作用を次頁の表にまとめておきますので参考にしてください。

## 2 アロマテラピーパワー

次はアロマテラピーパワーです。一般に、アロマテラピーに用いる精油には、人間の脳を癒し、活性化させ、自律神経を安定させる作用があることはすでによく知られています。アロマテラピーはヨーロッパ由来で、ラベンダーやローズ、ミント、バジルなどのハーブに含まれる精油が主に使用されます。一方、ヒノキ科樹木の森の香り精油は日本固有のもので、そのアロマテラピーパワーは日本由来のものです。しかも、フィトンチッドパワーと原始ソマチッドパワーとの相乗作用も期待できます。

特に森の香り精油のもつアロマテラピーパワーの特徴は、嗅細胞から嗅神経を通じて副交感神経の働きを促進することです。その結果、鎮静作用、ストレス解消作用、リラックス作用、精神安定作用、血圧低下作用、快眠作用、脳の活性化と集中力向上、認知症予防などが期待できます。

ＭＯＲＩ ＡＩＲで森の香り精油が空気中に拡散されると、吸い込まれた森の香り精油は鼻腔の天井部に4000万個ある嗅細胞でキャッチされ、その情報は大脳辺縁系（哺乳類

**[フィトンチッドの3大作用]**

**(i)菌・ウイルス・虫除去作用**

**①殺菌作用**

食中毒を起こすO-157(病原性大腸菌)、院内感染をもたらす黄色ブドウ球菌(MRSA)、レジオネラ菌などの病原菌や有害菌を殺す。

**②防腐作用**

生ものを腐らせる腐敗菌を殺す。

**③防カビ作用**

有害なカビ菌や真菌や白癬菌を殺す。

**④抗菌作用**

木材腐朽菌などの有害な細菌(バクテリア)を寄せつかせない。

**⑤抗ウイルス作用**

風邪ウイルス、インフルエンザウイルス、コロナウイルス、ノロウイルスなどの変異ウイルスにも抗ウイルス作用をもつ。インフルエンザウイルスA型にも実証データあり。

**⑥防虫作用(忌避作用)**

蚊、害虫、ダニ、シロアリを寄せつかせない。

**(ii)有益菌保護作用**

発酵菌(乳酸菌、麹菌、酢酸菌、ビフィズス菌など)や人体常在菌(腸内細菌、皮膚常在菌、口内常在菌など)といった有益菌を保護する。

**(iii)消臭作用(悪臭源除去作用)**

腐敗によって発生するアンモニア、硫化水素、トリメチルアミン、メルカプタンやその他さまざまな悪臭粒子を中和分解してしまう。しかも、悪臭の発生源となる腐敗菌を殺してしまうことによる根本消臭作用もある。逆に発酵菌を活性化する。

その結果、タバコ臭、ペット臭、料理臭、生ゴミ臭、エアコンのカビ臭などの、各種カビ臭、尿の臭い、医薬品臭、線香臭、加齢臭、汗臭などの悪臭を消し、良い香り(芳香)を漂わす。

の脳）の快・不快を感じとる「扁桃体」や、記憶を司る「海馬」へ伝わります。さらに、奥にある間脳の自律神経をコントロールする「視床下部」に伝わります。それから内分泌ホルモンをコントロールする「脳下垂体」に伝わることで、自律神経系、内分泌ホルモン系のバランスが整えられ、ストレス解消と心身のリラックスにつながります。また、森の香り精油が鼻から気管支を通り、肺の中の毛細血管に入って全身の細胞に届くと、免疫力が向上します。

特にＭＯＲＩ ＡＩＲに使用される森の香り精油（専用液）は、先に述べたように35種類の樹木から抽出されていますが、そのフィトンチッドパワーとアロマテラピーパワーは、民有林の樹木（樹齢数十年の植樹された樹木が多い）に含まれる精油と比べても、はるかに強力です。

## MORI AIRの秘密

平成27年春からスタートしたＭＯＲＩ ＡＩＲは、私が20数年前に開発した「森林倶楽部イオンＥＸ」と比べると、奇跡ともいえる画期的な効果を数多くもたらしました。

もっとも一般的な使い方は、寝室に置いて就寝中に噴霧することです。日中、オフィスやリビング、勉強部屋、介護室、学校の教室、保育室、歯科医院、病院の診療・待合室に置いて利用するケースも増えています。そこで起こっている主な効果をまとめておきます。

・室内の悪臭が消え、ヒノキ中心の森の香りが継続するようになった
・室内の有害菌やウイルス、カビ菌が存在しなくなった
・ぜんそく、花粉症の症状が出なくなり、アトピーも改善
・風邪やインフルエンザにかかりにくくなった
・蚊が室内にいなくなった
・ぐっすり眠ることができ、朝は気持ち良くすっきり目覚めるようになった
・眠っている間に免疫力がグーンとアップし、元気になった
・肺炎の治癒が早くなった
・肺気腫や肺ガンの数値に変化が出た（腫瘍マーカーの数値低下）
・学習や仕事の集中力が高まり、記憶力アップや直感力・ひらめきが増えた
・認知症が改善した

さらに経済面で、専用液（精油）のランニングコストが数分の1（1カ月1000円〜2000円）になりました。

それにしても、なぜこれほどの画期的な効果が起こるのでしょうか。風邪ウイルスやインフルエンザウイルス、コロナウイルスなどのウイルスは夜間、睡眠中に暴れます。花粉症もぜんそく、アトピー症状も夜中に強く出てきます。しかも、免疫力が低下している人ほど症状はひどくなります。

MORI AIRによって森の香り精油の超極小微粒子が大量に拡散されると、室内の有害菌や有害ウイルス、カビ菌などが除去されますし、森の香り精油を吸引していると、免疫力が大幅にアップするため、さまざまな症状に変化が現れるのだと考えられます。

実は20数年以上前に開発した「森林倶楽部イオンEX」も同じ専用液（精油）を使用していましたが、MORI AIRほど画期的な効果や変化は現れてきませんでした。この違いは、その後の研究から室内空間に拡散する専用液（精油）の粒子の大きさの差にあることがわかりました。専用液（精油）を水で30倍に希釈し、自然揮発させる「森林倶楽部イオンEX」のシステムでは、拡散する精油の粒子がかなり大きかったのです。

一方、新しく開発したMORI AIRでは、特殊な特許技術で原液精油を密閉状態のまま二方向から高速で激突させ、ナノレベル（100万分の1ミリ）の超微粒子にして室内空間に拡散させ、長時間漂わせることができます。このナノレベル粒子が肌から直接浸透したり、呼吸で肺から血液に入ったりして、全身細胞へ行き渡ります。

当初は、それによってより高いフィトンチッドパワーとアロマテラピーパワーが得られると考えていました。ところが、それだけでは次々と起こる変化を説明しきれなくなりました。肺ガンが消えたりする現象も出てきて、これほど免疫力がアップするとは考えられなかったのです。何か他にも要因があるに違いないと探っていくなかでわかってきたことは、「原始ソマチッドが森の香り精油に含まれているからではないか？」ということでした。

そのころ、ちょうどタイミングよく、20年来の友人であるジャーナリストの上部一馬氏がソマチッド研究の成果をまとめた『超極小知性体ソマチッドの衝撃』（ヒカルランド刊）を出版しました。

その上部氏の紹介で、波多野昇氏に出会うことができました。波多野氏は、東京薬科大学卒業後、大手製薬会社に長く勤務していました。ところが石油化学から製造されている医薬品の副作用に疑問を持ち、製薬会社を辞め、気功をはじめさまざまな健康関連の仕事を経験しました。そして最後にたどり着いたのが極小生命体ソマチッドでした。その後、位

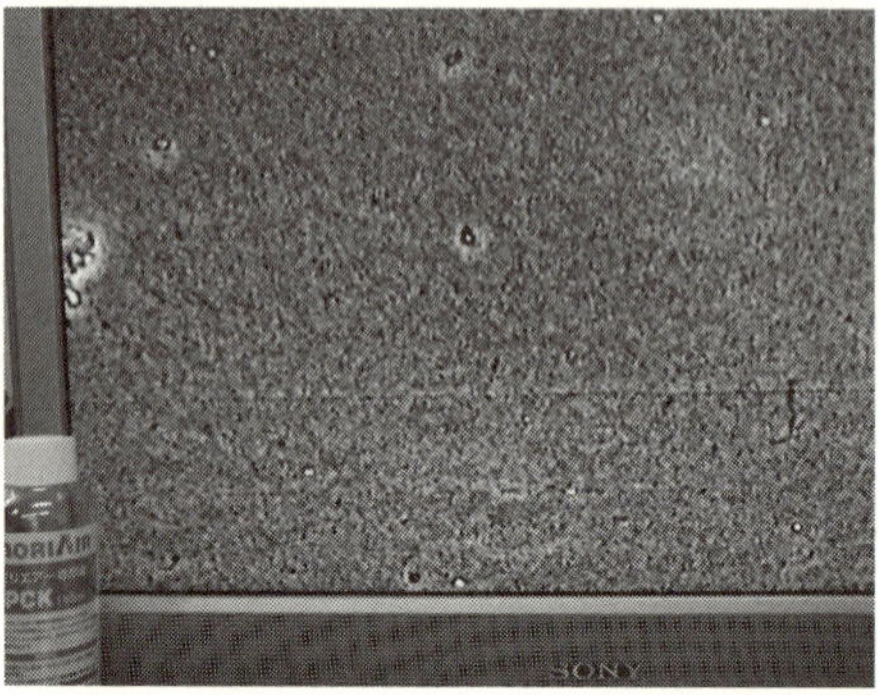

森の香り精油の原液に存在する大量のソマチッド

位相差顕微鏡でソマチッドを観察する波多野昇氏

相差顕微鏡でソマチッドに関する研究を続けています。

私はすぐ波多野氏にＭＯＲＩＡＩＲで使用する森の香り精油を送り、位相差顕微鏡で調べてもらいました。そのときの画像が上部にある写真です。そこには、波多野昇氏も驚愕する事実が写っていたのです。

「こんなに超大量に存在する超古代ソマチッドは、今まで見たことがない！」というのが波多野氏の率直な評価でした。

## 超極小生命体ソマチッドの正体

ソマチッドを最初に発見したのは、フランス生まれでカナダ在住の生物学者ガストン・ネサンです。ネサンは第二次世界大戦中に、生命体を生きたまま観察できる3万倍の高性能顕微鏡「ソマトスコープ」を開発しました。それを使って、血液中を動き回る赤血球よりはるかに小さいソマチッドという極小の生命体の存在を確認したのです。

ソマチッドの大きさは0・3〜50ナノメートルです。1ナノは100万分の1ミリですから、大きさが8ミクロン（1000分の8ミリ）の赤血球の1000分の1前後という極小の大きさです。ウイルスよりはるかに小さい存在なのです。「ソマチッド」という名称も「極小」からきています。

ネサンの実験でソマチッドは、人体はもちろん、動物、植物の樹液、鉱物からも発見されています。そして、ソマチッドは永遠不滅ともいえる有機体であることがわかっています。

さらにネサンは、ソマチッドは遺伝子DNAの前駆物質であり、遺伝子情報を持っているとも述べています。ネサンの実験によると、ソマチッドは5万レム（放射線の生物学的効果を考慮した場合の吸収線量を表す単位）の強力な放射線を照射しても死ぬどころか、さらに元気になります。1000℃以上の高熱でも死なず、紫外線を当てても、強烈な酸につけても、強力な遠心分離機にかけても死にません。抗生物質もまったく効かず成長し続けます。

それほど強い生命体ですが、なぜかソマチッドは、環境が悪化すると珪素の殻で身を包んで閉じこもり、クリスタルのように固まってしまうというのです。この殻はダイヤモンドカッターでも切れないほど硬く、たとえば人間が死んで火葬されても、灰の中で生き続けます。土の中でも何千年も何万年も何億年も生き続けています。

ところがきれいな水に触れるとソマチッドは長い休眠から目覚め、珪素の殻を粉々に砕き、水の中へ飛び込みます。その水がたまたま植物の根っこなどから吸収され、その植物を人間や動物が食べると、体内に摂り込まれます。

## シュバイツァー博士もソマチッドの存在に気づいていた

ソマチッドは太陽エネルギーを受けて賦活化し、人体内ではポジティブな感情や意識に共鳴して活性化すると考えられます。逆にネガティブな感情や自己中心的な意識下では不活性になります。このことはソマチッドが宇宙の肯定的な意識を持つ宇宙意識生命体であることを示していると、私は推測しています。

じつは、シュバイツァー博士がガストン・ネサン以前にソマチッドの存在を予見していたと思われる記録が博士の文献の中に記されています。

「われわれ人間が肯定的な考えや否定的な考えをもつことにより、体内に存在する極小生命体も明らかに変化する。また、ある検体を観察する際、その検体に対して肯定的な感情をもって接すると、その中に含まれる微小生命体も明るく輝く」

さらに、ガストン・ネサン以前にソマチッドという超極小生命体を突き止めていた学者が米国にいました。１９３０年代に米国で活躍したロイヤル・レイモンド・ライフ博士です。博士は、３万倍以上に拡大できる顕微鏡を独自に開発し、生体や血液中に極小生命体が存在することを発見しました。

しかもライフ博士は、この極小生命体を活性化する装置を開発し、末期ガン患者16人全員を治してしまったといわれています。「血液中に赤血球の100分の1という極小の物質が大量に出てくると、ガンをはじめ、さまざまな病気が治る」ことを発見したのです。

ライフ博士はこのことを医学雑誌に発表しましたが、あまりに突飛すぎて、当時の医学会から完全に黙殺されてしまいました。

ドイツやフランスにも、ソマチッドの存在に気づいている生物学者たちがいたといわれます。

## ソマチッドは遺伝子情報をもっている

ネサンの発見で画期的だったのは、「ソマチッドはDNAの前駆物質であり、意志や知性を持っている」ことを明らかにしたことです。

20年前から、1000件以上の動植物や鉱石の中のソマチッドについて研究している東学(あずままなぶ)工学博士は、ネサンの研究をさらに発展させました。東博士がたどり着いた結論は、「動植物や鉱石など地球上のあらゆる生命体には、永遠不滅の生命体ソマチッドが関与しており、生命にエネルギーを与えているのはこのソマチッドに他ならない」ということです。

さらに、太陽光などの赤外線がソマチッドに照射されると、ソマチッドを抱き込んでいる殻を構成している珪素原子からマイナス電子のエネルギーが照射されます。この電子エネルギーは体細胞や白血球、赤血球、リンパ球などを活性化するので、生命力が高まり、自然治癒力が増大するといいます。

これまでの研究を総合しますと、こんなソマチッドの様子がわかってきます。

・ソマチッドは生体内が酸化したり、ネガティブ感情に支配されたりすると、珪素で身を包み閉じこもってしまい、そのまま尿とともに排泄されて体外に出ていってしまうこともある

・健康な人の血液には多数のソマチッドが認められ、位相差顕微鏡で見ると血中にびっしりうごめいていることがわかるが、ソマチッドは赤血球の膜を簡単に通過する

・ソマチッドは太陽光や遠赤外線、マイナス電子、光の粒子（フォトン）、気のエネルギー、宇宙エネルギー放射線を浴びると活性化する

ソマチッドは超極小生命体で、細胞のような核はなくＤＮＡもありませんが、遺伝子情

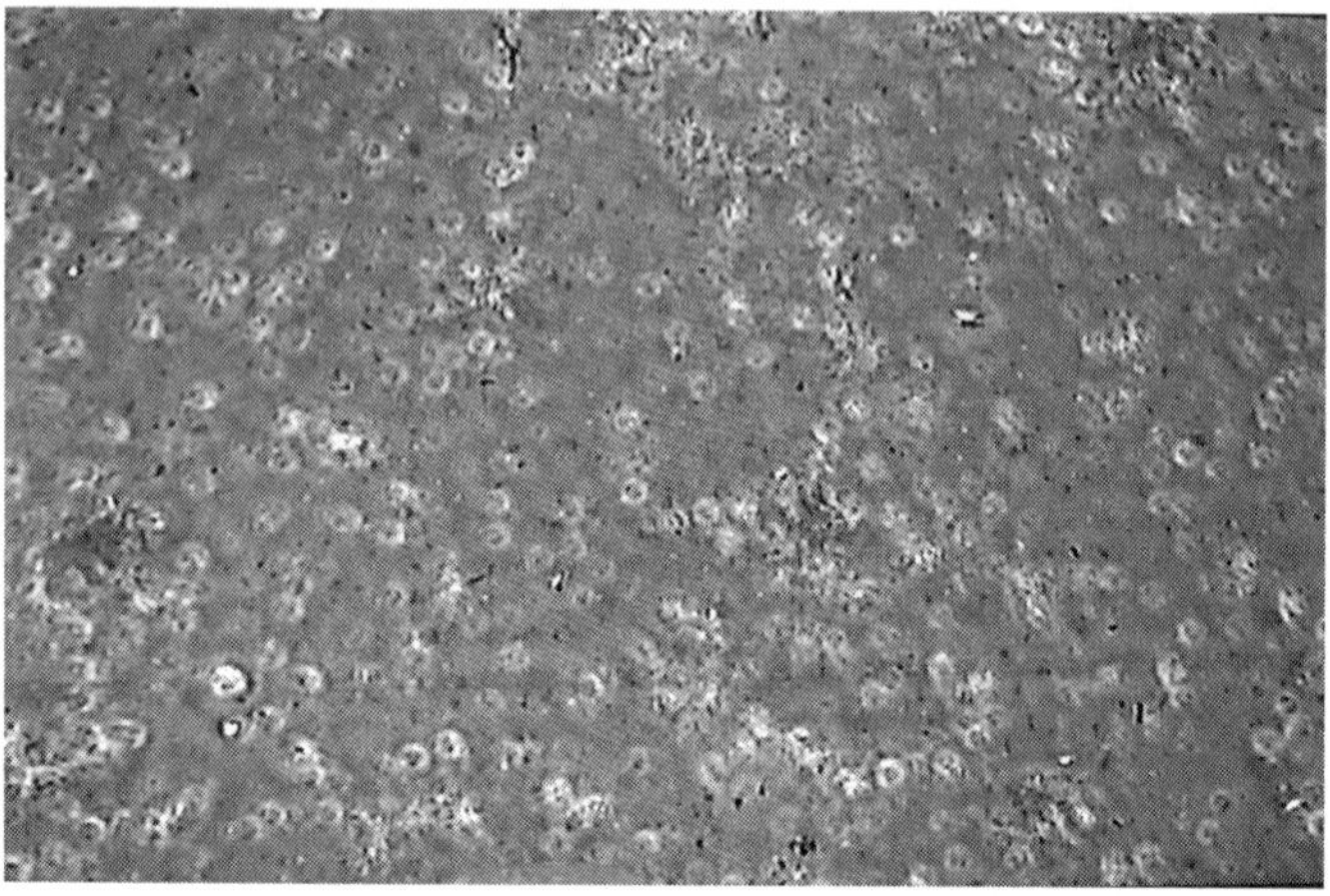

北海道八雲地方で発掘される2500万年くらい前の古代カミオニシキ貝化石に存在するソマチッド

報をもっているため、ＤＮＡの前駆体として細胞のＤＮＡ形成に関与しているのではないかと考えられています。

このような性質をもつソマチッドの存在が現代科学で理解されていない最大の理由は、ソマチッドの成分がタンパク質ではなく珪素だからです。現代科学が認めるウイルスはじめ、あらゆる微生物から動物まですべての生命体はタンパク質が主成分で形成されています。ところが、ソマチッドは珪素成分の生命体のため、培養も実験もできない現代科学にとって正体不明の存在なのです。

日本国内でソマチッドがもっとも多く存在するといわれてきたのは、北海道八雲地方で発掘される２５００万年くらい前の古代カミ

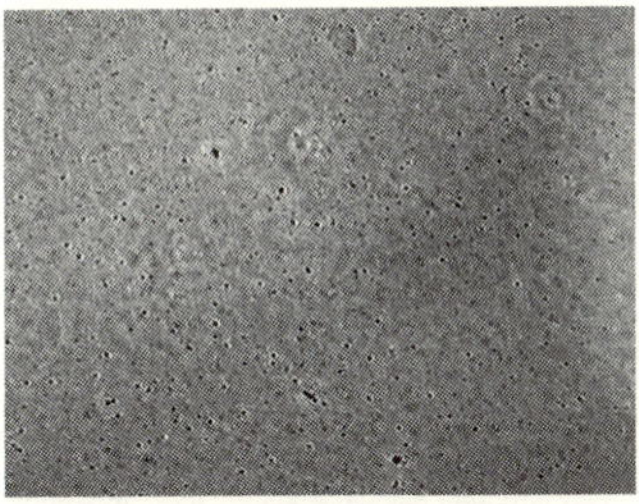

森の香り精油に含まれる原始ソマチッド。位相差顕微鏡1000倍画像

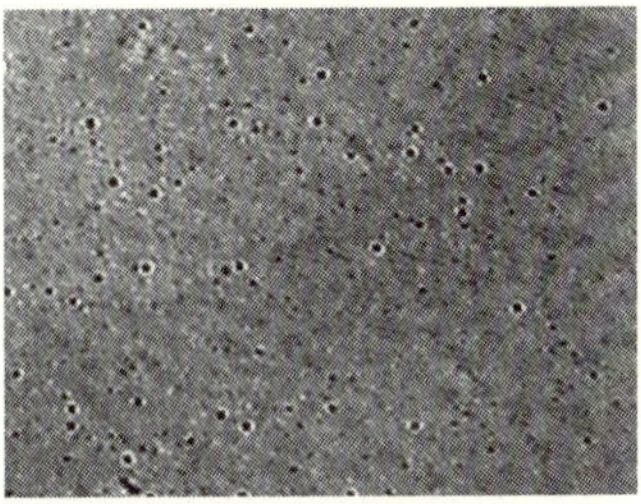

位相差顕微鏡2000倍画像

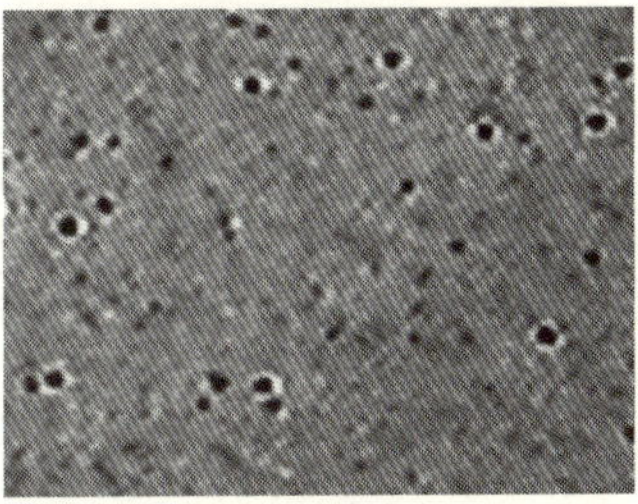

位相差顕微鏡4000倍画像

オニシキ貝化石でした。前頁の写真にある小さい黒い点がソマチッドです。このソマチッドは古代ソマチッドと位置付けられています。

これに対してMORI AIRの森の香り精油に含まれるソマチッドは、私の研究では、それよりはるか昔から存在しているもので、なんと30数億年以上前のものだと考えられます。

さらにその後の研究でわかったことは、地球誕生時、太陽から来た原初のソマチッドであるということです。私はこれを「原始ソマチッド」と呼んでいます。

森の香り精油に含まれる原始ソマ

チッドは、古代ソマチッドよりはるかに小さく、その数は古代カミオニシキ貝化石に含まれる古代ソマチッドの数の数倍から数10倍も多いこともわかってきました。

## ソマチッドを発見したガストン・ネサンの免疫強化剤「714X」

ソマチッドの発見者であるガストン・ネサンについて、もう少し触れておくことにします。

ネサンは、アジアのクスノキの樹液（樟脳）にミネラル塩と18種類の微量元素を加えて配合した免疫強化剤「714X」を開発したといわれています。これを1000人の末期ガン患者にリンパ腺注射してガン治療を行いました。

その結果は、なんと50％の人たちが3週間で完治し、25％の人たちは痛みが緩和したり延命効果が認められたりしました。有効率は75％という驚くべき結果になったといいます。

もし、これらのガン患者が西洋医学による抗ガン剤治療とガン手術、放射線の3大ガン治療を受けていたら、完治や緩和の効果を得られた人たちはわずかしかいなかったでしょう。ところが、この「714X」は医薬品とは認可されず、医師免許を更新していなかったネサンは薬事法と医師法違反に問われました。高額な手術や抗ガン剤、放射線治療を優先する現代医療側から見ると、ネサンの免疫強化剤はあまりに格安で簡単なうえに、短期間に末期ガンが消えてしまったため脅威だったのでしょう。

「714X」は、医師会や製薬業界の既得権益を阻害すると決めつけられ、フランス医師会はネサンを国外追放しました。ネサンはやむなく、フランス語圏であるカナダのケベック州に移住しましたが、そのときネサンはすでに40歳でした。

移住先のカナダでも714Xで多くのガン患者を治しましたが、カナダの厚生省・医師会・製薬会社によって再び弾圧され、裁判を受け、1989年5月に逮捕されて一カ月間独房生活を強いられ、さらに終身刑を言い渡されました。しかし、世界中の仲間の医師や救われた患者たちが立ち上がり、無罪を勝ち取ることができたといいます。

ネサンが開発したガン細胞を消す免疫強化剤「714X」の最大の秘密は、クスノキの樹液に含まれる大量の古代ソマチッドにあります。さらに、ミネラル塩や18種類の微量元素はミトコンドリアの代謝活動を促進し、細胞を活性化させることで免疫力を高める働きをするものと思われます。

## 現代に蘇った原始ソマチッドに注目

私が10年間にわたって２０００人以上の会員で調べたところ、ソマチッドが大量に存在する血液は、サラサラできれいです。血液中にソマチッドが多いと、もし血栓や変性タンパク、異物タンパク（病原菌や悪性ウイルスなどの抗原など）があってもソマチッドが数十分で分解してしまうことがわかりました。

先に述べたように古い時代のソマチッドほど強力なパワーを持っていますが、深山に生育する樹齢の長い樹木には古くは30数億年以上、珪素の岩石の中で休眠し、エネルギーを充塡し続けていたソマチッドも含まれています。私はそれを特別に「原始ソマチッド」と呼んでいます。特に樹齢千年以上の樹木が生育する深山の天然林に生育する樹木には、この「原始ソマチッド」が「超」がつくほど大量に含まれています。

私の研究では、マグマが冷え固まった花崗岩（特に珪素の多い石英斑岩）には30数億年間休眠していた原始ソマチッドがもっとも多く、大量に含まれています。堆積岩が占める割合が高い欧米の岩盤に比べて、火山国日本の岩盤には花崗岩の割合が高いため、それにより大量の原始ソマチッドが存在するようになったと考えられます。

その花崗岩から飛び出した原始ソマチッドを含んだ地下水を長い年月をかけて吸い上げたのが、日本の深山に数百年、もしくは千年以上にわたって自生するヒノキや杉、松、クスノキなどの樹木です。その樹液にも原始ソマチッドが豊富に含まれています。ですから、先述したように森の香り精油にも原始ソマチッドが大量に含まれているのです。

その原始ソマチッドを体内に摂り込むと、ミトコンドリアの代謝活動が飛躍的に活発になり、体内に蓄積された有害な化学物質の排出や、遺伝子ワクチンで体内に作られたスパイクタンパクの分解が促進されると考えられます。森の香り精油に関して全国から集まってくる情報も、そのことを示しています。

樹齢千年の木曽ヒノキ

# 2章 原始ソマチッドの起源

## 原始ソマチッドに秘められた真実

ソマチッド研究者の間では、ソマチッドを古い順に古代ソマチッド、現代優良ソマチッド、現代ソマチッドと命名しています。

先述したように、わが国でもっとも古いソマチッドとして知られているのは北海道八雲地方産の古代カミオニシキ貝化石に存在する古代ソマチッドです。

2500万年前、海底の隆起によりカミオニシキ貝がそのまま貝化石となりました。その中に2500万年間冬眠するように休眠していたのが古代ソマチッドです。その休眠中に珪素から電子供給を受けることで、たっぷりとエネルギー充填していたといわれています。

休眠しているソマチッドは、きれいな水に出会うと水の電子の刺激で目覚め水中に飛び出して生命活動をはじめます。この水が植物の根っこから吸い上げられて植物内にソマチッドが摂り込まれます。この植物を食べることで人間や動物の体内にソマチッドは摂り込まれます。あるいは、この水を直接飲むことでも体内に摂り込まれます。

いったん体内に摂り込まれたソマチッドは排泄物とともに、あるいは人間や動物の死後、自然界へ戻り循環していきます。ところが、石油化学工業による環境汚染がひどくなると、化学物質を嫌うソマチッドはその循環の過程でパワーダウンしてしまいます。それが環境汚染下に存在する現代ソマチッドです。それでも、汚染されていない自然環境下で循環しているソマチッドもありますが、それは優良な現代ソマチッドです。

先述したように、私が原始ソマチッドと呼んでいるソマチッドは古代ソマチッドでもなく、現代ソマチッドでもなく、優良な現代ソマチッドでもありません。古代ソマチッドであっても自然界で水と動植物の間を往き来し、循環しているとパワーダウンし、大きさも数ナノ（100万分の数ミリ）～数十ナノ（100万分の数十ミリ）と徐々に大きくなるからです。

ところが原始ソマチッドは、途方もない古い時代に誕生し、そのまま眠り続けていました。地球の歴史は現代科学では46億年ほど前といわれていますが、地球誕生の発端となった高熱の火の塊が太陽から飛び出したのは、今から80億年ほど前です。

その火の塊がマグマとなり、冷え、表面に地殻が形成され、惑星として安定したのが46億年ほど前のことです。

じつは原始ソマチッドは、太陽の中で誕生した珪素生命体です。地球の元になる火の塊が太陽から飛び出したとき、その中には超大量の原始ソマチッドも入っていたと考えられます。

その原始ソマチッドは、将来、地球で微生物から植物、動物、人間まで誕生するための情報を宇宙情報として持っていたと推測できます。

地球上のあらゆる生命体は炭素ベースで作られていますが、遺伝情報を保持しているRNAやDNAの基質はアミノ酸タンパクで作られています。その設計図を提供することが原始ソマチッドの役割だったと考えられます。

原始ソマチッドは水と出会うことで、はじめて生命活動をします。水のない惑星で生命体が誕生できないのも、そのためです。地球は銀河のなかでいちばん水が大量に存在する惑星です。地球の表面は3分の2が海です。そのうえ、地下にも地表にも大気中にも大量の水（$H_2O$）が存在しています。だから、地球は銀河一の「水の惑星」と称されます。その地球が何十万種、何百万種もの多種多様な生物が棲息する「緑の惑星」となったのは、原始ソマチッドと水が出会ったからだと考えられます。

現代科学はいまだ、地球以外で生命の存在を確認できていませんが、地球にこれほど多くの種類の生命が存在する惑星になったのは、銀河全域や宇宙全域から多種多様の生命体が地球に集められたからです。つまり、地球上の全生命体のルーツは宇宙全域にありますが、原始ソマチッドは太陽内で誕生したものです。

太陽は天の川銀河や宇宙内で特殊な目的と役割を持ち、100億年ほど前に誕生しました。じつは、我々人間が意識と記憶を持っているように、地球も太陽も意識を持つ巨大な意識体です。惑星も太陽もいつか物理的な寿命が来ても、巨大な意識体（巨大な魂）としては残り、体験情報は蓄積され続け、永遠に進化し続けます。

私は、私を形成している魂を通じて、さらにその本体である魂（ハイヤーセルフ）から必要に応じてさまざまな情報を引き出し、魂の記憶を回復しています。

これ以上のことは、本書のテーマから外れますし、内容があまりに深いため、ここでは触れません。詳しく知りたい方は、私が主催している「究極の潜在能力開発セミナーシリーズ」にお越しください。ミミテック通信（年4回発行の情報誌・無料）でも取り上げていますので、そちらを読んでくださることも可能です。

## 原始ソマチッドを大量に含む石英斑岩と森の香り精油

すでに述べたように、原始ソマチッドは自然界ではほとんど循環していません。その大きさは０・３ナノ（１００万分の０・３ミリ）から数ナノ（１００万分の数ミリ）前後で、もっともパワーが強い宇宙一極小の珪素生命体です。

原始ソマチッドはマグマ内に存在していましたが、マグマは冷え固まり火成岩となりました。

日本列島は、30数億年前に形成されたムー大陸の北西の端に存在しています。ムー大陸は今の西太平洋にあった大陸ですが、１万３千年前に海底に沈みました。そのとき、それまで海底だったところが隆起して今の中国の陸地になりました。

日本列島やハワイ、ミクロネシアの島々、ニュージーランド、インドネシアなどはムー

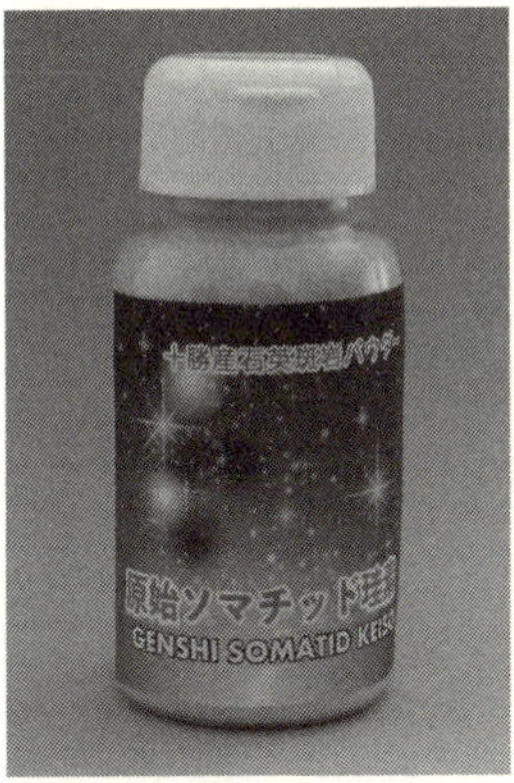


原始ソマチッド珪素

原始ソマチッド珪素のパウダーを水に溶かし位相差顕微鏡で写した写真

大陸の端にあり、海に沈まず残ったものです。

日本列島はムー大陸の北端に位置し、30数億年以上前にマグマが冷え固まって形成されたため、火成岩による岩盤の山々で出来ています。そのとき、高熱のマグマの中にいた原始ソマチッドは無機物の珪素の殻の中に閉じこもりました。そして、30数億年間、エネルギーを蓄えながら、自然界で一度も循環することなく休眠し続けてきました。

火成岩のなかでも無機質の珪素を多く含む石英斑岩の中に原始珪素が大量に含まれる理由がここにあります。北海道日高山脈に産出する石英斑岩の珪素の殻一つの中には、数十から数百個単位で原始ソマチッドが閉じこもり、休眠していました。原始ソマチッドが大量に含まれるこの石英斑岩をパウダーにしたものが「原始ソマチッド珪素」のパウダーです。

30数億年間、休眠状態でエネルギー充填をしていた原始ソマチッドが大量に含まれていることがわかりました。

このパウダーをきれいな水に溶かすことで、地球誕生以来はじめて生命活動を水の中で行うのが原始ソマチッドです。

前頁の写真中の大量の黒い点が原始ソマチッドで、踊るように躍動し、生命活動をしています。大きさは100万分の1ミリ（1ナノレベル）前後で、ソマチッドのなかでもっとも小さいこともわかりました。

写っている白い破片は、珪素の殻が粉々に砕けたもので動いてはいませんでした。大きさは100万分の数ミリ前後です。原始ソマチッドが珪素の殻から飛び出す際、この珪素の殻を粉々にぶち破った後の破片です。

じつは、この石英斑岩のパウダーよりももっと大量の原始ソマチッドが含まれるのが、先に取り上げたＭＯＲＩ ＡＩＲに使用される森の香り精油です。今までの比較データでは、この専用精油に含まれる原始ソマチッドは世界一大量であることが判明しています。

## なぜ、森の香り精油には大量の原始ソマチッドが含まれるのか

先述しましたが、この精油は木曾御嶽山の標高1500m辺りの国有林の樹齢数百年～千年の木曾ヒノキから抽出した香り精油をメインに、青森ヒバ、秋田の杉、北海道のトド松、熊本のクスノキ、ヒノキ科のサワラやネズコなどすべて天然木中心の国有林の巨木（樹齢数百年）35種類から抽出した香り精油をミックスしたものです。

30数億年前、マグマが冷え固まったときの御嶽山の花崗岩の中には、珪素の殻に閉じこもり休眠状態になった原始ソマチッドが大量に含まれていました。その後、山頂付近に降った雨が花崗岩の岩盤の割れ目や周囲に浸み込み、数年から数十年かけて地下水としてゆっくり流れ、中腹に湧き出しています。このきれいな地下水が地下で花崗岩中に眠る原始ソマチッドに出会ったとき、原始ソマチッドは30数億年の眠りから目覚めて地下水に飛び込み、生命活動をはじめました。

木曾御嶽山中腹、標高1000～1500メートルに育つ木曾ヒノキの地下数十メートルにも深く伸びた根っこから、この原始ソマチッドを大量に含んだ地下水が吸い上げられ、

岩の上にそびえ立つ樹齢600年の木曾ヒノキ

幹や枝の芯に原始ソマチッドが蓄積してきました。

ある日、私の元に、太陽（日）の意識体、つまり太陽を担当している巨大な魂からメッセージがテレパシーで届きました。「日本列島はもっとも重要な役割を果たすことができる地球の中心的位置（へそ）にある。その日本列島の中心の一つが木曾御嶽山である（他には富士山）」

そして、「日本という漢字からもわかるように、日本は日（太陽エネルギー）の本（元）であり、木曾ヒノキや青森ヒバ（明日ヒノキ）などの『檜』という漢字は火（日）の木である」と。

さらに、「マグマが冷え固まった火成岩の岩盤中にもっとも多くの太陽から来た原始ソマチッド（SLD）がいる」と。

日本列島の中心に位置する木曾御嶽山の岩盤中に30数億年間休眠したまま存在し、エネ

【左】国有林のヒノキの枝の年輪　【右】民有林のヒノキの枝の年輪

ルギー充塡し続けていた原始ソマチッドが、数十メートル地下を流れている地下水の電子に触れて珪素の殻を破り、30数億年ぶりに目覚めて飛び出しました。

地下数十メートルまで根を伸ばした樹齢数百年から千年の木曾ヒノキの巨木が、この原始ソマチッドを根っこから吸い上げ、蓄積し続けてきたことは、その樹液を調べるとよくわかります。その他にも、日本列島の深山の高い所（1000メートルから1500メートル）に自生しているヒノキ科の青森ヒバ（明日ヒノキ）や、秋田の日本杉、北海道のトド松、熊本の杉など標高1000メートルから1500メートルのところに自生する天然林（国有林）の巨木に大量の原始ソマチッドが含有されていることもわかっています。

植林した民間のヒノキは１００年前後の寿命ですが、国有林の木曽ヒノキの寿命は１５００年と桁違いに長寿です。２枚の写真は、直径10㎝の太い枝の年輪です。標高５００メートルの山中に植林したヒノキの枝の年輪が26年なのに対し、御嶽山の天然林木曽ヒノキの枝は太さがほぼ同じでも、年輪は１２０年です。

木曽ヒノキは非常に堅く、色も濃く、精油（原始ソマチッド）がビッシリ詰まっており、重さも2倍あります。

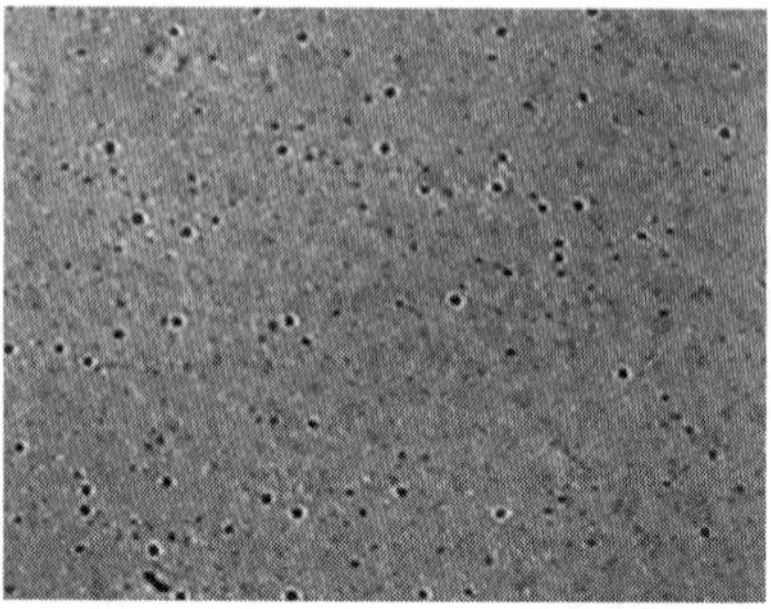

国有林（MORI AIR）の精油
原始ソマチッドが数万個存在

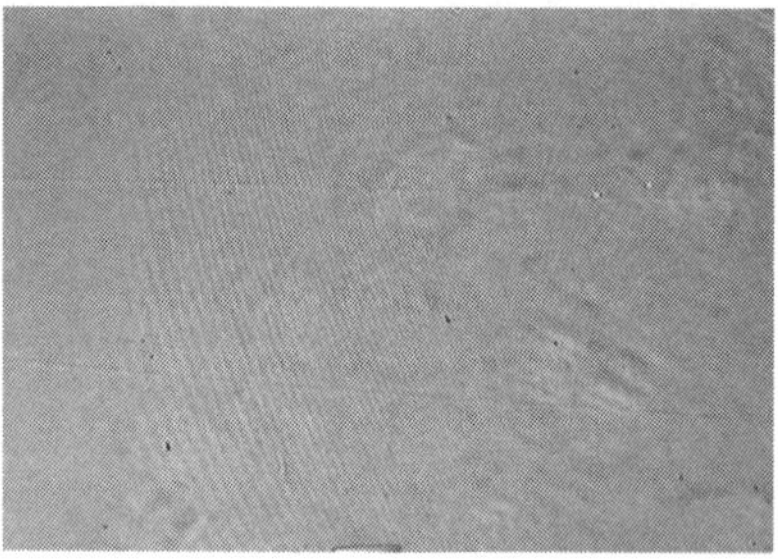

民有林（ヒノキ・杉）の精油
優良な現代ソマチッドがわずか数十個存在するのみ

その中に含まれるソマチッドの量を比較した写真をご覧ください。その数の差は歴然としています。植林したヒノキは、肥沃な土と水分の多い土中に浅く根を張ってもスクスク成長できます。しかし、深山の天然木はぶ厚い花崗岩の岩盤に根を張っているため、より深く広く根を張るため、地中深くに存在する原始ソマチッドを大量に吸い上げながら成長します。

私が調べたところでは、植林されたヒノキには原始ソマチッドがほとんど存在していませんでした。わずかに優良な現代ソマチッドが存在しているだけでした。

木曾御嶽山の岩清水を生活飲用している地域の人々のガンの発生率は全国平均の数分の1といわれますが、それは飲用している岩清水に原始ソマチッドが多く含まれているからだと思われます。昔、数百歳まで健康で長生きした仙人たちは深山に暮らし霞を食べて生きていたと伝えられていますが、その秘密は原始ソマチッドにあったに違いありません。

毎日、原始ソマチッドを含む岩清水を飲み、根っこからその水を吸い上げ育った山菜や木の実、豆類、山の芋などを食べ、その水や植物で育った川魚などを食べていたと思います。しかも、原始ソマチッドを豊富に含むヒノキや杉の巨木の葉や幹、枝、皮から放出される香り精油が空間に充満していたはずです。

2章 原始ソマチッドの起源

ＭＯＲＩ ＡＩＲは、そのような森林空間を部屋の中に再現します。それは、先述したように専用精油（森の香り精油）を数ナノ（１００万分の数ミリ）という超極小微粒子化して拡散することに成功したからです（特許取得）。その空気を吸引することで、原始ソマチッドとフィトンチッド粒子、アロマ粒子が鼻や口から体内に取り込まれ、肺から血液に入り、全身の細胞へと届けられます。

一方、すでに取り上げた原始ソマチッド珪素のパウダーを水に溶かして飲用すると、原始ソマチッドと、数ナノ（１００万分の数ミリ）にまで超微粒子化したミネラルとしての珪素が腸から吸収され、血液中に入り、全身の細胞へ届けられます。

原始ソマチッドは珪素成分の生命体ですが、このパウダーには無機質の珪素も含まれています。無機質の珪素は骨や歯を形成する際、無機質のカルシウムと有機質のコラーゲンを接着させる役割をします。

また、胸腺とともに、松果体の構成成分に珪素が含まれているともいわれています。ミトコンドリアの活動を支えるのも珪素成分です。植物は根っこから無機質の珪素を水と共に吸い上げ、植物体内で有機質に変換しています。人間と動物も体内で無機質の珪素を有機質の珪素に変換する働きがあると考えられます。

## ミネラルとしての珪素と原始ソマチッドは全く別の存在

珪素と原始ソマチッド（珪素宇宙意識生命体）を混同されている方が多くいますが、すでに述べたように、全く異質の存在です。

原始ソマチッドは、太陽や宇宙を起源とし、宇宙の進化を促進するための目的で存在する意志と意識と感情を有した生命体です。すなわち「珪素宇宙意識生命体」です。ウイルスやバクテリアなどの微生物から動植物まで、宇宙の進化に必要なすべての遺伝子情報を有する前駆体としての働きを持つ、宇宙一小さく、炭素成分でなく珪素成分の生命体です。しかも宇宙創造根源の意識とつながっている意識体です。

そのため、宇宙意識に反する生き方をしている人には十分には働いてくれません。人間と違い、自然界の動植物はネガティブには生きていません。自然なままの状態です。人間の赤ちゃんは純真無垢で素直で自由な心を有するため、ソマチッドは超大量に存在し、応援してくれます。

ところが、人は成長とともに、周囲からネガティブな影響を受けて素直さと自由な心を失い、自分で自分を制限し、心配、不安、恐れ、ネガティブな感情にとらわれ、物質欲に支配され、自己中心的（エゴ）な生き方になっていきやすいものです。しかし、それではソマチッドは応援しなくなります。

逆に大人でも純真に素直で、ありのままにすべてをポジティブに受け止め、無条件な愛と信念を持ち、宇宙の意識に則した生き方をしていると、ソマチッドは全面的に応援してくれます。

ソマチッドをもっとも活性化するのは宇宙エネルギーです。ですから、私たちが宇宙エネルギーをとり込むと、体内に存在するソマチッドは活性化して大量の電子を生み出し、細胞内のミトコンドリアに大量の電子を供給します。わずかの食事でも大量の代謝エネルギー（ＡＴＰ）を生産することが可能になります。

霞を食べて生きていた仙人や不食のヒマラヤ聖者などは、まさしくそうしたことができていたのだと思います。

そのうえ、人体にとって病気の元となる異物タンパクを分解し消滅させてしまう「原始ソマチッドホール」の働きが活性化します。このことについては後章で詳しく解説します。

ソマチッドを活性化することこそ、人間に最大の免疫力と生命力をもたらす秘訣なのです。

特に原始ソマチッドをもっとも大量に取り入れる方法としてＭＯＲＩ ＡＩＲの吸引と「原始ソマチッド珪素」パウダー水の飲用が有効であることはすでに述べたとおりですが、それ以外にも深山の薬草や野草や山菜、木の新芽、根菜類、芋、木の実や果実に多くの原始ソマチッドや優良な現代ソマチッドが含まれています。

また、山間部や高原で自然栽培や無農薬有機栽培されている野菜、果物、穀物にも多く含まれています。特に巨木精油から抽出したＰＧＳ‐１０００と原始ソマチッド珪素水を使って栽培された無農薬の野菜や果物には原始ソマチッドが大量に含まれていることがわかっています。

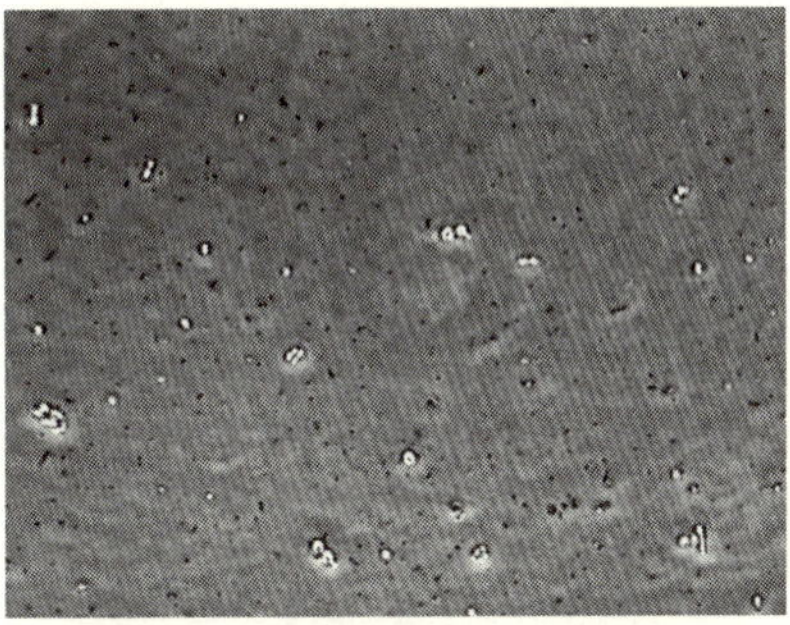

山奥の55種類の野草・木の新芽で作った野草酵素の位相差顕微鏡写真。黒い小さい点が原始ソマチッド

私は手作り酵素の指導をしていますが、山奥の50種類もの野草や山菜、薬草を材料にした手作りの野草酵素や、車が入れない山奥の本柚子をメインとした40種類の秋の根菜類を材料にした手作りの酵素には原始ソマチッドが豊富に含まれていますし、優良な現代ソママ

チッドも多く含まれています。

ちなみに、水晶を2千度の高熱で気化し、冷却することで飲用できるようにした高額な珪素水や、スーパーでも売られている簡易の珪素水を飲むことで原始ソマチッドや優良な現代ソマチッドを摂り込めると勘違いされることがあります。

特に水晶を溶かした珪素水は、確かに大量の珪素を摂り込めるのですが、これはあくまでミネラルとしての珪素であって珪素成分生命体であるソマチッドではありません。実際にこの珪素水を位相差顕微鏡で調べると、ソマチッドはわずかしか存在していませんでした。ましてや簡易の珪素水にはソマチッドはほとんど存在していません。

ですから、珪素水を多く摂ればソマチッドを多く摂り込めるわけではありません。無機質の珪素と珪素成分の生命体であるソマチッドはあくまで別の存在です。

## 原始ソマチッドがもたらす医学革命の可能性

右脳開発の第一人者である七田眞先生との出会いが20数年前にありました。以来お亡くなりになるまで10数年間にわたって、私が開発した音読学習器ミミテックを採用し、応援してくださいました。ミミテックは七田眞先生が提唱されていた右脳開発に有効な器機でもあるからです。

七田先生に出会ったころ、イメージトレーニングで不思議な奇跡を起こす子どもがいるとおっしゃっていました。先生の教室に通う幼児や小学生のなかには、イメージの力で親のガンを消してしまう子どももいました。「イメージの中で子ども自身がものすごく小さい小人(こびと)になってお母さんの体内に入り込み、ガン細胞を全部分解し消してしまう」ということでした。

私はその話を伺って、イメージトレーニングによってイメージしたとおりのことを実現できることは理解できたのですが、なぜ、超極小の小人になって母親の体内に入り込むのかは理解できませんでした。その謎が解けたのはソマチッドの正体と働きを知ったときでした。ＭＯＲＩ ＡＩＲの開発を通して、原始ソマチッドとテレパシーによる対話をしながらさまざまな実験を進めるうちにわかってきたのです。超極小の小人とはソマチッドのことだったのです。

原始ソマチッドは純真無垢で素直な赤ちゃんや子どもが大好きです。その子どもが小人になって大好きなお母さんの体内に入り、ガンを消してしまうとイメージしたその想いがソマチッドを動かし、実現してしまったのです。

これはスタップ細胞を作った小保方さんにも当てはまると思います。スタップ細胞形成にはソマチッドの関与があったと思いますが、そのことを信じない理化学研究所の他の研究者にはスタップ細胞を作ることはできなかったでしょう。

小保方さんの画期的な研究はノーベル賞レベルのものでしたが、ソマチッドのことを知らない周囲からの圧力でつぶされたのだと私は考えています。幼な子のように純真無垢な素直な想いや気持ち、信念をもってとり組めば、原始ソマチッドはイメージしたとおりに働いてくれます。それは、奇跡でもなんでもありません。

# 3章 原始ソマチッドが最大毒「スパイクタンパク」を分解する

## 珪素は全身に構成成分として存在する

第一部で「ガンとコロナワクチンの関係」を詳しく述べました。結論は、スパイクタンパクが血管にダメージを与え、血栓による突然死や急速な老化をもたらすと思われるということでした。

ガン発生の従来の理解は、細胞内に存在するエネルギー産生器官であるミトコンドリアがストレスによる酸素欠乏などによってダメージを受け、不活性になることで正常細胞がガン細胞になるというものでした。

そこに新たな要因として加わったのが、コロナワクチン複数接種によって人体細胞内で作られ続けるスパイクタンパクがミトコンドリアにダメージを与え、新たなガンの発生やガンの再発を促すというものです。そのスパイクタンパクを分解するのが原始ソマチッドです。

ソマチッドは自分の意志で動き回り、宇宙レベルの情報と英智で働く宇宙最小の不思議な意識生命体であることはこれまで述べてきたとおりですが、自らの周波数を変え、3次元を超えて高次元との間を往き来するという、3次元の現代科学では理解しがたい存在なのです。当然、培養もできないため、分析も実験もできません。

ここで、珪素生命体であるソマチッドへの理解を深めるために珪素という元素について、もう少し説明しておきます。

珪素の英語名はシリコンで、元素記号はSi、原子番号が14の鉱物（ミネラル）です。つまり、電子を14個もつ原子です。シリコンは工業用としてはコンピューターや半導体、レンズ、太陽光パネル、水晶発振時計などの素材として使われています。

珪素成分が99・99％の結晶が水晶です。その構造が精妙で、その振動がきわめて正確で安定しているため、それを活用することで精密な情報処理が可能になります。さらに、水晶にエネルギーが入り、増幅し、出力することもできます。人間の意識や感情までインプットして増幅し、アウトプットまでできる不思議な力を持っています。

あくまで映画上の話ですが、スーパーマンの南極の秘密基地は水晶の部屋です。そこでスーパーマンはクリプトン星の情報を引き出したり、宇宙エネルギーを充填することができます。そこには、単なる映画上だけの話とは言い切れない深い意味がうかがわれます。

地球の土や岩などの地殻にもっとも多く含まれている元素が珪素です。この珪素は太古の昔の藻類（植物性プランクトンやバクテリアから海藻まで）が海底や土壌に堆積し化石化したものです。その後、珪酸となりガラス質になりました。珪素が多く含まれているのが石英です。そのなかでももっとも純度が高く結晶化したものが水晶です。

大地に育つ草木や海底の海藻などが砂や土、石、岩石に存在する珪素を根っこから吸い上げて育ちます。人間や動物はそれらを食べることで珪素を体内に吸収します。体内に入った珪素は、人体にとって必須のミネラルになっています。

ソマチッドがもっとも多く存在する人体の器官は松果体です。胸腺とともに構成成分に珪素が含まれているといわれています。目のレンズである水晶体も珪素が主要成分です。他にも脳、小腸、虫垂、腎臓、肝臓、脾臓、血管、皮膚、精巣、卵巣、毛髪、骨、歯、爪、筋肉など全身の多くの臓器や組織を構成する細胞の細胞壁や細胞膜などに珪素は存在しているといわれています。

さらに、細胞の一つひとつに１００から４０００個存在し、人体に必要なエネルギーの95％近くを産生するミトコンドリアにとって、珪素は重要な元素なのです。

ミトコンドリアと並んで、珪素が構成成分として存在しているのが血管の内皮細胞です。全身の37兆個もの人体細胞に酸素、栄養素、ホルモン、抗体などを運び入れ、二酸化炭素や老廃物を運び出す血管は、総延長で10万㎞あります。これは地球2周半の長さです。その血管の97％が毛細血管です。

毛細血管の内径は5ミクロンから10ミクロンと細いのですが、その中を、酸素を運ぶため7ミクロンから8ミクロンの大きさの赤血球が高速で移動しています。そのスピードは心臓を出発して戻るのに20秒から1分という高速です。ちなみに、免疫細胞である白血球のマクロファージや好中球などは15ミクロンから20ミクロンで、毛細血管の2倍から4倍の大きさです。

ですから、毛細血管の赤血球や白血球が血管内を流れる際は伸縮したり変形したりして移動しますが、血管がきれいで若々しく流れやすくなっていることも必要です。ところが血管が老化して硬くなってしまい、血液の流れが悪くなると、血液が詰まったり血管が破れたりします。血液のスムーズな流れを維持するには、柔軟で滑らかな若々しい毛細血管であることが大切なのです。

そのために血管の内皮細胞の細胞壁や細胞膜を形成する成分として珪素が不可欠なのです。不足すると血管の老化が著しく進むからです。

そのほかにも珪素は、丈夫な骨やきめこまやかなハリのあるスベスベ肌を維持するためにも重要な構成成分です。

また、骨は無機質のカルシウムと繊維質のコラーゲンがつながって出来ていますが、珪素はこの二つを接着させるセメント的役割を担っています。珪素があることで、しなやかで頑丈な骨を作ることができるのです。

## 珪素は皮膚のシワ、シミ、タルミを防ぐためにも重要

皮膚表面は紫外線が当たると活性酸素が発生します。その活性酸素による酸化によって皮膚細胞が傷つきます。それに対して皮膚の表皮にある細胞で紫外線の害を防ぐメラニン色素が生成され、紫外線のダメージを軽減しますが、日焼けやシミの原因にもなります。そ

れでも若いころはメラニンの分解力が強いので回復が早いのですが、中高年以上になると回復が遅くなり、シミになって残りやすくなります。

紫外線による活性酸素の発生は、皮膚表面でだけ起こるわけではありません。その下にある真皮でも活性酸素が発生し、細胞が傷つきます。しかも、加齢によって真皮細胞の傷の修復が遅くなると、コラーゲンの層がくずれてゆがみます。その結果、皮膚のタルミが生じます。

このように、皮膚のシワ、シミ、タルミの原因は紫外線による活性酸素によって皮膚の細胞が傷つき、蓄積していくことにあります。タバコを多く喫煙しているほど首の肌にシワ、シミ、タルミが起こりやすいのも、喫煙によって発生する活性酸素が原因です。

傷ついた皮膚の細胞が再生するためには、コラーゲンやヒアルロン酸、エラスチンなどの成分を多く摂る必要があります。それらの成分を摂るにはサプリメントよりも、多くの種類のアミノ酸（タンパク質）も含めて食事で摂ること、そしてコラーゲンやヒアルロン酸、エラスチンなどの成分を結びつける珪素を摂ることがオススメです。

細胞を形成するアミノ酸（タンパク質）や脂肪酸（脂質）は炭素成分で出来ています。その炭素は活性酸素が多く発生すると酸化（サビ）してしまいます。ところが珪素は炭素と違い、活性酸素によって酸化（サビ）することもなく、変性もしない物質です。ですから、珪素が多ければ、珪素の持つ抗酸化力によって、炭素（皮膚や真皮）の酸化を防ぐことができます。

そのほかに、珪素は皮膚の上皮の細胞と真皮の細胞の間をつなぐ接着剤的役目もします。

## 抗酸化物質で活性酸素を除去する

活性酸素は正常細胞の遺伝子（ＤＮＡ）を傷つけ、細胞の変異をもたらし、ガン細胞化する直接の原因にもなっています。

そもそも、なぜ、そのような活性酸素が発生するようになっているのでしょうか。それは、エネルギー（ＡＴＰ）を作り出す主役のミトコンドリアが酸素呼吸をしているからです。ミトコンドリアで使った酸素の１％から２％が活性酸素になるのです。

それでも、この活性酸素が適度な量であるなら、体には有益です。白血球の中のリンパ球が体内に侵入した悪性ウイルスや有害細菌にその活性酸素をぶつけて殺すことができるからです。ところが、食べ過ぎや睡眠不足、喫煙、強い精神的ストレス、働きすぎによる

## ７色で分類した野菜や果物

| | |
|---|---|
| 赤 | トマト、梅干し、スイカなど |
| オレンジ | 人参、みかんなど |
| 黄 | 玉ねぎ、バナナなど |
| 緑 | ブロッコリー、ピーマン、ホウレンソウ、オクラ、キュウリ、春菊など |
| 紫 | ナス、ブドウ、ブルーベリーなど |
| 黒 | ごぼう、さつまいも、じゃがいも、ゴマ、海藻など |
| 白 | りんご、大根、キャベツ、白菜、ネギ、キノコ、玉ねぎなど |

肉体的ストレス、激しい運動、合成食品添加物、紫外線や電磁波や放射線の過剰な浴びすぎ、農薬や化学物質の体内侵入など、現代社会の生活環境には活性酸素が過剰に発生しやすい要因が溢れているため、体内の活性酸素が過剰になりやすいのです。

その活性酸素が細胞中の鉄イオンや銅イオンに出合うと、最凶最悪の悪玉活性酸素であるヒドロキシルラジカルに変化します。このヒドロキシルラジカルこそ細胞の老化の進行をはやめたり健康な細胞の遺伝子（ＤＮＡ）を傷つけてガン細胞化したりする直接的な原因になります。

体内で発生した過剰な活性酸素を除去する方法として注目されているのが食事で摂る抗酸化物質（フィトケミカル）です。よく耳にするべータカロチンやポリフェノール、ビタミンAやC、Eなども抗酸化物質ですし、野菜や果物の皮や皮に近いところに存在する香りや辛味、色素成分も抗酸化物質です。

前頁の表は、抗酸化物質を含有している野菜や果物を7色で分類したものです。どれも皮や皮に近いところにより多く含まれています。

では、抗酸化物質はどのようにして活性酸素を除去することができるのでしょうか。どの抗酸化物質にも水素原子が多く含まれています。原子番号1の水素（H）原子の構造は、原子核の周囲を1個の電子が回転しています。この電子が自由電子となって活性酸素に結合することで、活性酸素を消してしまうのです。

## 水素原子

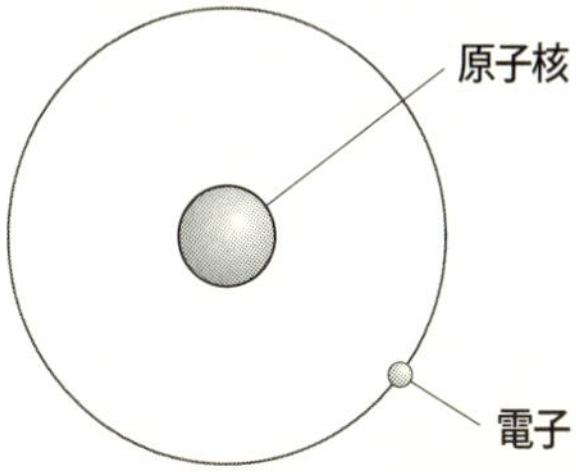


先述したように抗酸化物質（フィトケミカル）は野菜や果物の皮や皮に近い部分に多く含まれていますから、食べるときは、できるだけ皮ごと（丸ごと）食べることが大切です。ただし、農薬を使用している野菜や果物は避け、無農薬のものに限ります。水素を摂るには、水素水を飲む方法もあります。

## 珪素は水素の4倍もの抗酸化力、代謝エネルギー産生効率も4倍

珪素原子は、電子を14個持ち、原子核の周囲を回る電子軌道は3重層になっています。いちばん内側の軌道を回転する電子が2個で、その次の軌道を回転している電子は8個、そしてもっとも外側の軌道を回転する電子が4個です。その4個が自由電子（フリー電子）となって飛び出し、活性酸素と結合して無力化します。ですから、水素原子の4倍、活性酸素を除去する能力があることになります。

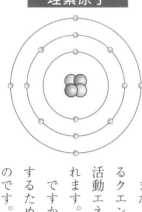

また、4個の自由電子がミトコンドリアのモーターであるクエン酸回路に供給されると、水素原子より4倍の代謝活動エネルギー（ATP＝アデノシン3リン酸）が産生されます。

ですから、抗酸化物質としても、代謝エネルギーを促進するためにも、珪素は水素より4倍効率的であるといえるのです。

珪素原子

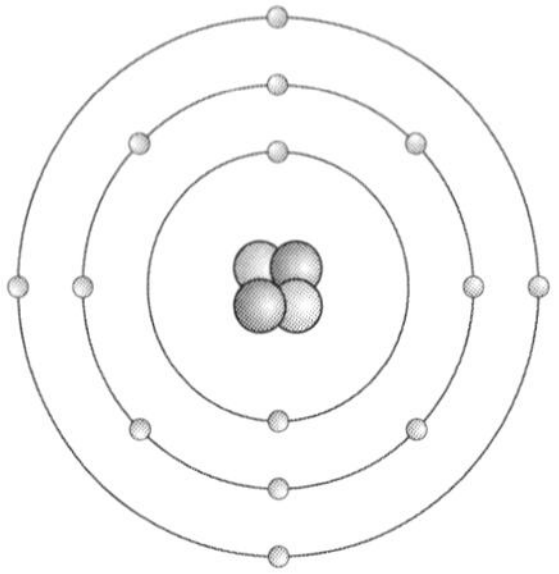

日常の食事で珪素を多く摂るには、珪素が多く含まれる山奥や汚染されていない土地の土壌から珪素を吸い上げて育った野草、山菜、木の新芽、根菜類、豆類、穀物、海藻、貝類などを食することです。これらは、珪素を豊富に含んだ食物繊維の多い食材でもあります。食物繊維は善玉腸内細菌のえさになり、腸内環境を整え、腸管免疫力を強化します。

それだけではありません。これらの食材にはソマチッドも多く含まれているために免疫力も生命力も強化されます。

表に、日常の食事で珪素を多く摂れる食材の具体例を示しておきますので参考にしてください。

①玄米、全粒穀類(大麦、小麦、ひえ、あわ…)
②大豆などの豆類
③無農薬野菜(ごぼう、大根、人参、トマト、ピーマン、ナス…)
④山奥の山菜、野草、木の新芽
⑤昆布、わかめなどの海藻
⑥貝類(あさり、カキ…)

## 宇宙エネルギーによって活性化する珪素の不思議なパワー

私は30数年前（40歳ころ）から宇宙エネルギーと水晶に関わる不思議なパワーを研究し実験をしてきました。量子力学を基に、宇宙エネルギー炉（発生装置）を作り、水晶や二酸化珪素に宇宙エネルギーを入れる実験を行い、その効果を確認しました。

そのなかでわかったことは、無機物にしろ有機物にしろ、珪素の純度が高い組成をもつものは、人間の意識やエネルギーが入りやすく（インプットされやすく）、増幅、出力（アウトプット）できるということです。

さらに、弱い意識やエネルギーは入らないが、強い意識やエネルギーはインプットされることもわかりました。

残念ながら現代科学ではまだその実相は解明されていませんが、人体には常温融合によって新しい原子が作られる原子転換能力があることが知られています。

宇宙全体にもっとも多い元素は水素（Ｈ）原子です。太陽（恒星）はその水素原子が集まり核融合を起こしてヘリウム（Ｈｅ）へ原子転換を起こすことでエネルギーを生み出しています。そのエネルギーで太陽は自ら輝き、その恩恵を受けて地球では生命体が活動しています。

地球の大気中にもっとも多く存在する元素は酸素（O）原子です。そして、地殻にもっとも多く存在する元素が珪素（Si）原子です。

一方、私たちの体を形成する元素で最大量のものは炭素（C）原子です。ですから、私たちの体やエネルギーを作るために摂る3大栄養素の炭水化物、タンパク質、脂質の主成分は炭素です。

私は30数年前から「宇宙エネルギー」の研究と実験を行ってきたなかで、宇宙エネルギーにもっとも強く反応する元素が珪素であると確信を持つようになりました。実験に使った水晶の珪素成分が99・99％を占めていたからです。

宇宙エネルギーを水晶に照射すると、宇宙エネルギーが水晶に共鳴し入り、さらにエネルギーが増幅していきます。水晶に入るのは宇宙エネルギーだけではありません。東洋で認められてきた「気のエネルギー」も共鳴して入りますし、人間の想念（想いや感情）のエネルギーも入り、増幅することがわかりました。

水晶に入るのはエネルギーだけではありません。半導体、コンピューターなど水晶が工業用にも使われているように、正確で精妙な振動数を活用することで情報も入ります。

じつは、人体にも水晶と似た働きをする器官があります。生体エネルギーのインプット・増幅・アウトプット、さらに情報のインプット・処理・アウトプットができます。その器官には有機物の珪素が多く存在しています。

先にも述べましたが、その一つが脳の中心部にある松果体です。胸腺とともに構成成分に珪素が含まれるといわれています。他にも、脳、小腸、虫垂、血管、腎臓、肝臓、脾臓、皮膚、精巣、筋肉、毛髪、骨、歯、爪など全身の多くの臓器や組織を編成する細胞の細胞壁や細胞膜に珪素が多く存在しているといわれます。

人体細胞の一つひとつに100から4000個存在するエネルギー産生器官であるミトコンドリアの活動を珪素が支えていることはすでに述べたとおりです。

## 珪素内で何が起こっているのか

宇宙エネルギーを珪素に注入すると、珪素内で生体エネルギーに変換・増幅されたあと、そのエネルギーが炭素へ流れ込み、炭素成分がメインの人体を活性化させていると考えられます。

私が提唱している「光・丹田呼吸」では、宇宙のエネルギーと宇宙の英智（知識と情報）を高い周波数で松果体へ降ろします。そのエネルギーを松果体で調整して振動数（周波数）を下げ、肉体に合った生体エネルギーに変えてから胸腺→小腸へと降ろします。同時に、延髄→脊髄の中枢神経→末梢神経へと神経系を通して全身に流れ、全身の細胞へ生体エネルギーと宇宙情報を注ぎ込みます。生体エネルギーは、さらに細胞内に存在するミトコンドリアにも注ぎ込みます。

胸腺は、免疫をコントロールする重要な司令塔の働きをしています。たとえば、骨髄と虫垂（盲腸）で作られた免疫細胞の一部が胸腺に送られ、そこで敵か味方かの訓練を受けることでヘルパーT細胞とキラーT細胞、さらにNK細胞になります。

胸腺の構成成分に珪素が含まれているといわれていますが、そこに宇宙の英智（知識、情報）が降ろされることによって、体内に存在する異物やタンパク質が敵か味方かを判断できるようになっているのではないかと推測しています。

私は、年中一日も休むこともなく毎日12時間から18時間、平均して15時間くらい活動しています。1日1食と、毎日スポーツクラブで1時間の丹田筋力トレーニング（兼お風呂）

を行っていることが大きなパワーになっているのだと思います。

それでも疲労が過度に蓄積されたりすることがあります。そんなときは「光・丹田呼吸」で宇宙エネルギーを松果体に入れると、疲労が短時間で解消してしまいます。

このことを初めて体験したとき（58歳）は、正直、天地がひっくり返るほど驚きました。その日は、さすがの私も一日中寝ていたいと思うほど疲労が溜まっていました。そこで朝6時から1時間、「光・丹田呼吸」を行いました。すると、宇宙の中心からエネルギーが大量に降り注いできました。頭頂から入り、松果体↓胸腺↓丹田（小腸の中心）へと降りて全身に満たされました。さらに地球の中心からのエネルギーが丹田↓胸腺↓松果体へ大量に入ってきました。

そのとき、私の体がモーターのように前後、左右、上下に激しく回転する感覚を覚えました。私は意識をもったまま眠る訓練を52歳から行い、睡眠中でも意識は覚めたままです。その意識によって、肉体は静かにベッドに横たわり眠っていること、肉体の鋳型であるエーテル体と4次元ボディ（エネルギー体）であるアストラル体が宇宙エネルギーに満たされ、回転していることを確認できました。

アストラル体からエーテル体へと満たされた宇宙エネルギーが、肉体の珪素に入り、その珪素でエネルギーが増幅され、炭素ベースの肉体細胞の疲労が取り去られたのだと考えています。そのときの感覚は、疲労物質が全部除去され、代謝エネルギーに満たされて細胞が元気になったような感覚でした。

これは私の推測ですが、全身の細胞の中に存在する珪素原子の中にブラックホールとホワイトホールがあるような現象でした。巨大な宇宙や銀河の中心にはブラックホールがあり、寿命を終えた恒星や惑星はブラックホールに吸い込まれ、ホワイトホールから新生しています。

### 珪素原子の中の仕組み

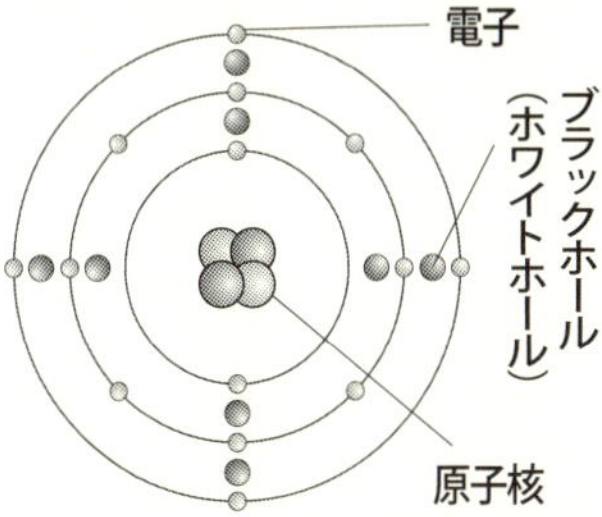


珪素が宇宙に偏在しているのは、新しい宇宙が誕生する際に珪素の力が介在しているからだと思われます。このことは今後の3次元を超えた量子物理学の重要なテーマになることでしょう。

3次元科学の観点から見ても、珪素原子の中にブラックホールとホワイトホールの仕組みが存在する可能性を推測することはできます。

珪素原子の構造は先述しましたが、3つの軌道の間には宇宙エネルギーが入ったり出たりする8個のブラックホール（ホワイトホールでもある）が存在するのではないかと考えられます。

古代エジプトの遺跡に古代神聖幾何学模様が数多くあります。私の大学での専攻は数学で、まだ若かった私は漠然と幾何学の不思議な世界にひかれていました。自然界には小は極小生命体から大は銀河レベルまで、黄金律やフィボナッチの法則などに基づく幾何学模様が偏在しています。

私は10数年前に古代神聖幾何学模様「フラワーオブライフ」の研究で世界的権威者であるドランヴァロ・メルキゼデクのセミナーに2日間参加したことがあります。

フラワーオブライフは神聖幾何学模様で、19個の円が互いに重なり合って花のような形をしています。

そのセミナーでわかったことは、私が体験している宇宙エネルギーが頭頂から入って松果体に入り、胸腺、丹田へと流れて満たされたときにライトボディ（5次元ボディ）で起こる大回転現象が「フラワーオブライフ」に合致していることでした。しかも、3次元の肉体を越えたライトボディにはマカバスターという上向きの正三角形四面体と下向きの正三角形四面体のエネルギー体が重なって存在しています。

## 原始ソマチッドにつながると高次元へと超越できる

宇宙エネルギーが注ぎ込まれると、上向き正四面体が右回転し下向き正四面体は左回転します。

このマカバスターの回転が加速すると肉体が水晶のように透明になり、重力支配を超えて空中を飛行したり、壁を通り抜けたりすることができます。これは3次元の肉体の領域を越えて四次元から五次元に近い領域のボディになることを意味します。

私はこれを2度体験したことがあります。一般にいわれる四次元ボディであるアストラル体による体外離脱（幽体離脱）とも異なります。四次元ボディのアストラル体の体験は睡眠中に行っている夢体験です。体外離脱ともいわれます。これは誰しも睡眠中に行なっていることですが、覚えていないだけなのです。

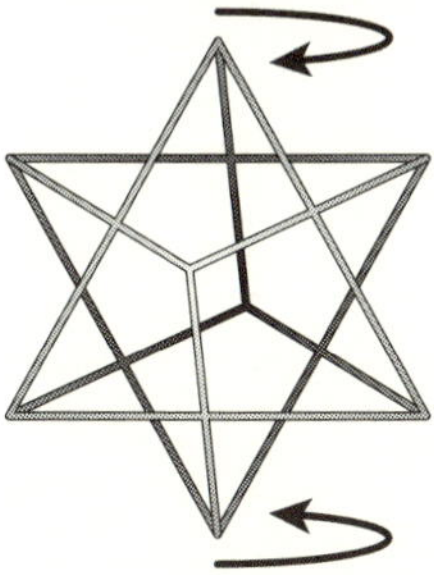

マカバスター

もし覚えていたいなら、「夢日記訓練」と「光・丹田呼吸瞑想」でその能力が身につきます。それほど難しくありません。さらにこのアストラルトラベルを意識的に体験したり、過去や未来や別の場所に行ったりすることもできます。ところがマカバスターによるライトボディを使うと、夢体験ではなく3次元ボディごと時空間を超越できます。それだけではありません。3次元の物理的ボディの疲労が解消し、体が軽く感じて元気になります。

マカバスターによりライトボディが宇宙エネルギーに満たされて高速回転するとき、8箇所の頂点で電子が発生します。その8個の電子が3次元の肉体（ボディ）を形成する主要元素である炭素の電子6個に加わると、合計14個の電子をもつ元素である珪素に変換されます。炭素から珪素への原子転換です。

こうして、松果体や胸腺だけでなく、肉体全体が珪素中心になり、3次元の物理的物質を超えた高次元周波数の5次元人間（ボディが半透明か透明）になれます。つまり、周波数を上げたり下げたりすることで3次元と5次元を行き来できる人間に進化できます。

ただし、これは誰にでもできるわけではありません。宇宙意識と宇宙エネルギーの体現者になってはじめて可能になることです［5次元世界（ミロクの世）への進化］。

近未来の高次元科学の領域へ踏み込んだ話になってしまいましたが、高次元世界と3次元ボディに存在する珪素と宇宙最小の意識を持った珪素生命体である原始ソマチッドがつながれば、そんな世界に出会うことも可能なのです。

私は、これらの事実をソマチッドとのテレパシーによる対話の中で、はっきりと理解しました。

# 4章 原始ソマチッドがもたらす医学革命と意識革命

## 原始ソマチッドで皮膚細胞が活性化

原始ソマチッドが地球誕生の元である高熱のエネルギーの塊である太陽で誕生し、太陽から分離した火の塊（地球の元になった）とともに飛び出したＳＬＤ（生命体をデザインする記号体）であることは先述しました。

原始ソマチッドの産みの親ともいえる太陽もまた、天の川銀河の中で誕生しました。その銀河もまた宇宙の中で誕生しました。つまり、原始ソマチッド（ＳＬＤ）のルーツは宇宙にあります。さらにいえば、宇宙のダークマター（暗黒物質）が形になって現れた、宇宙意識を持つ宇宙一小さい珪素生命体であると考えられます。

我々がその存在を認識できるのは宇宙意識を回復したときで、テレパシーやビジョンによってメッセージをやりとりできるようになります。

私が原始ソマチッドと対話したとき、こんなことがありました。樹齢数百年から千年の木曾ヒノキより抽出した木曾ヒノキ水を位相差顕微鏡からの画像で映し出しました。そこには数万個の原始ソマチッドがランダムに画像いっぱい散らばり、激しく躍動していました。

そのとき私は、ミミテック音読学習器を使い、宇宙的なパワーを秘めている般若心経を丹田発声で一音ずつ伸ばして音読しました。すると、言霊エネルギーがますますパワーアップし、画像に映る原始ソマチッドが律然と動き出し、大きなサークル（円）を描くように集合しました。そして驚くことに、そのサークル内にヒノキの葉模様を形作って見せてくれたのです。その瞬間、原始ソマチッドは「自分たちこそ、ヒノキの遺伝子情報を持っているんだ！」と伝えていたのです。それは、じつに衝撃的な体験でした。

それは、宇宙の英智による自然界の遺伝子情報を媒体している本体は、細胞核にあるDNAではなく原始ソマチッドであるというメッセージだったのです。

**松井一口メモ**

お風呂の湯に木曾ヒノキ水を1000倍希釈で入れ入浴すると、体内に溜まっていた毒素が皮膚から排出（デトックス）され、肌がスベスベしてきれいになる方がいます。過去に抗ガン剤治療をしたことのある方が、このお風呂に入浴すると、体内に蓄積されていた抗ガン剤が1週間にわたって排出され、朝には風呂水がヌルヌルになっていたという報告が数多くあります。それは、抗ガン剤に限りません。さまざまな医薬品を長く服用していた場合にも同じようなことが起こっています。

なぜ、このようなことが起こるかといいますと、木曾ヒノキ水に大量に存在する原始ソマチッドが入浴中に体の皮膚細胞から直接浸透し、ミトコンドリアに大量の電子を供給することで体内に蓄積された医薬品や化学物質、老廃物などの有害物をミトコンドリアの働きで皮膚から排出してしまうからです。

この木曾ヒノキ水の風呂はアトピー性皮膚炎で苦しむ子どもたちにも素晴らしい働きを示しています。小児科や皮膚科ではステロイド軟こうを使った治療を行いますが、それは一時的に炎症を抑えるだけです。使い続けると治るどころか、ますますひどくなっていくことが多いのです。

木曾ヒノキ水の風呂に毎日入浴すると1カ月前後で子どもたちのアトピー症状がきれいになり解消する方がいます。それは、木曾ヒノキ水の殺菌作用で皮膚表面を殺菌し、皮膚から浸透した原始ソマチッドが細胞内のミトコンドリアを活性化させることで、細胞内に蓄積された合成界面活性剤などの化学物質毒を解毒排出してしまうからだと考えられます。

子どものアトピーにかかわらず、大人も普段から木曾ヒノキ水の風呂に入浴していると、脳がリラックスして一日のストレスが解消し、自律神経が安定します。これは、私の専門の脳科学の観点からも立証されています。さらに、原始ソマチッドによって皮膚細胞代謝が促進し、皮膚細胞の活性化が進むことで、きれいなスベスベ肌になります。

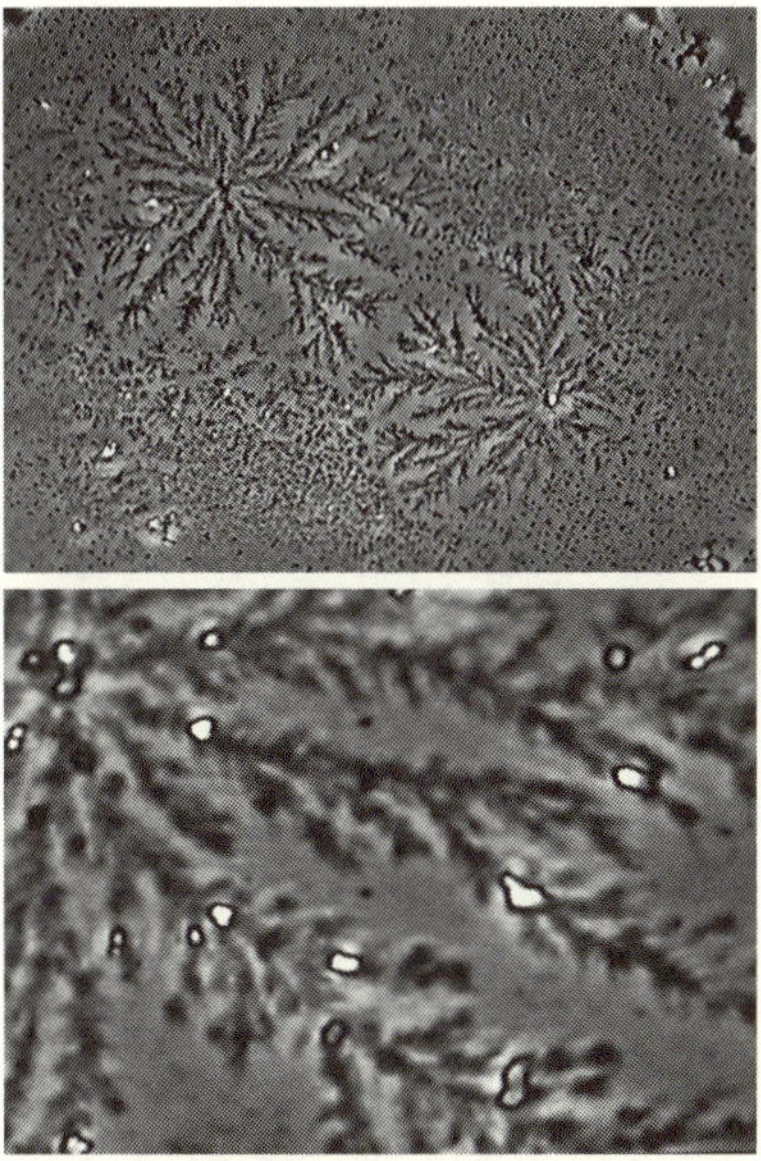

ヒノキの葉模様の写真　1000倍と4000倍

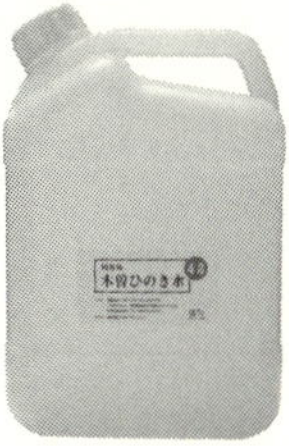

木曾ヒノキ水

## 異物タンパクを分解するソマチッド群

私の普段の血液中にはソマチッドが大量に存在しています。149頁と150頁の写真をご覧ください。数百個、数千個ソマチッドが血漿中に存在し、激しくしゅんどう（躍動するように動く）しています。

ところが、ある日の血液の血漿中にはソマチッドが一つも存在せず、異物タンパクの塊を覆うように集合し、囲んでウヨウヨ動いていました。

よく観察していると、151頁の写真Aのように血液中には数十個もの赤血球が存在し、その中には赤血球ではない異物タンパクの塊がありました。それを数百個ものソマチッド群が覆い囲んで少しずつ分解し消していたのです。しかも、その分解スピードは驚くほど速く、30分で異物タンパクの塊をほとんど消してしまいました。連続写真は数分ごとに写したものです。

一つの異物タンパクの塊の分解が終わったら、次に別の異物タンパクの塊を見つけて集結し、同じように分解し消滅させていきます。半日観察しましたが、大小さまざまな10個

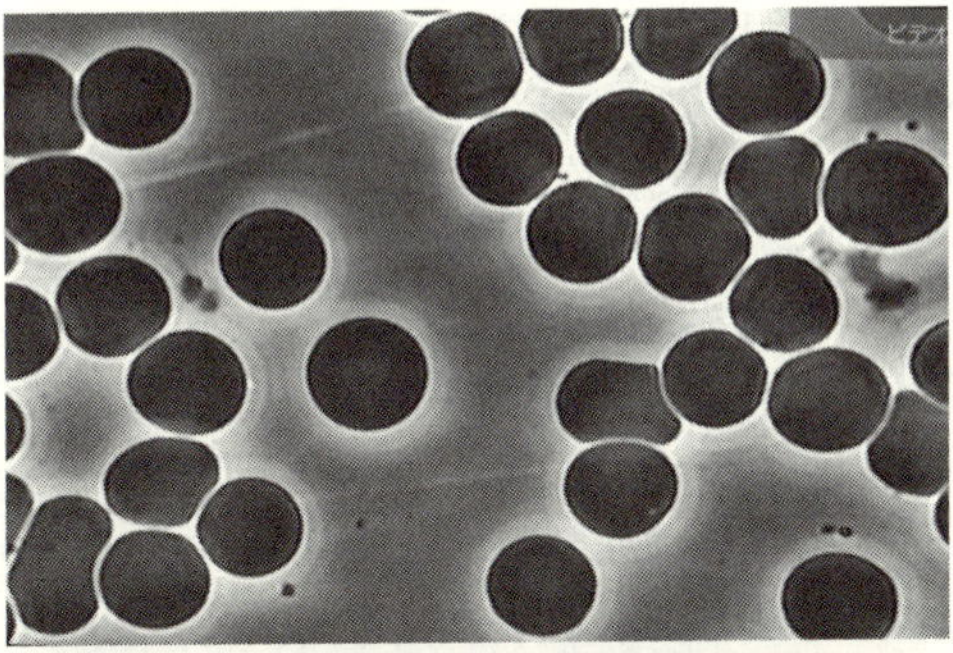

2016年11月28日の血液写真（4000倍）

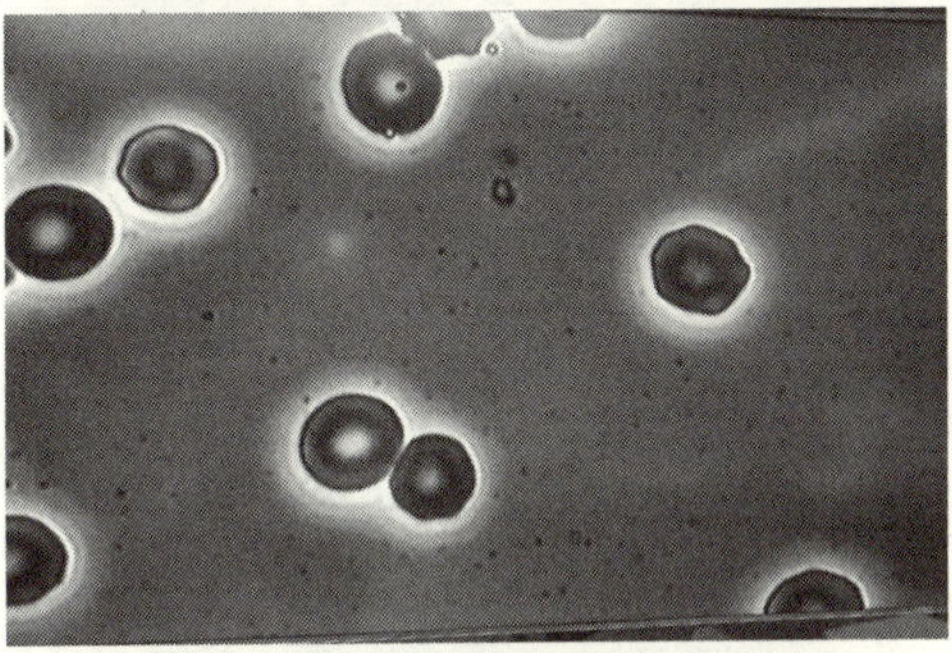

2017年7月1日の血液写真（4000倍）

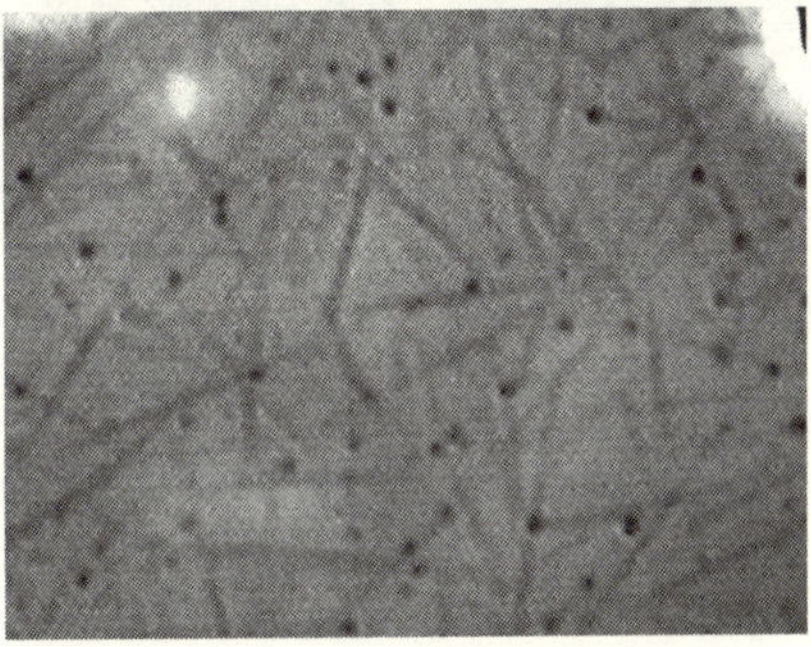

2017年7月1日の血液写真（12000倍）

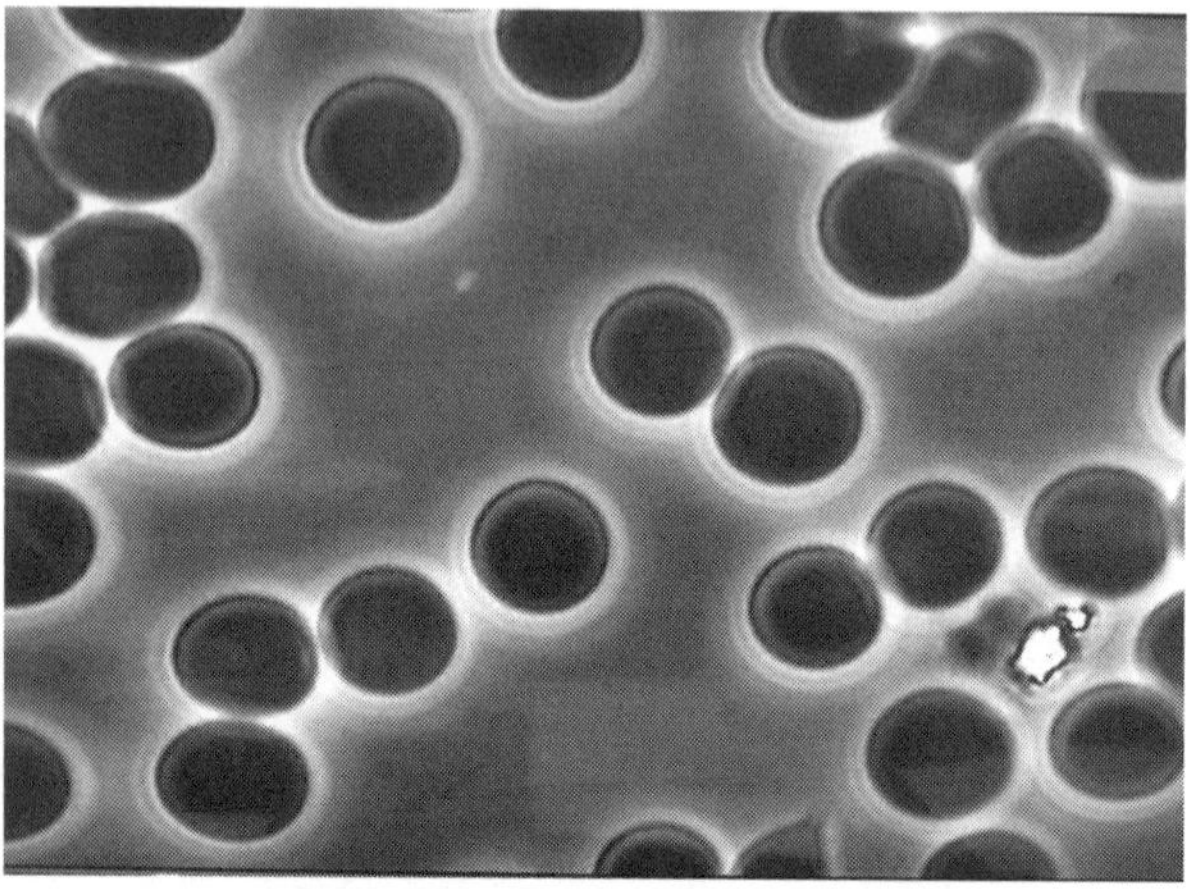

2018年7月8日の血液写真(4000倍)

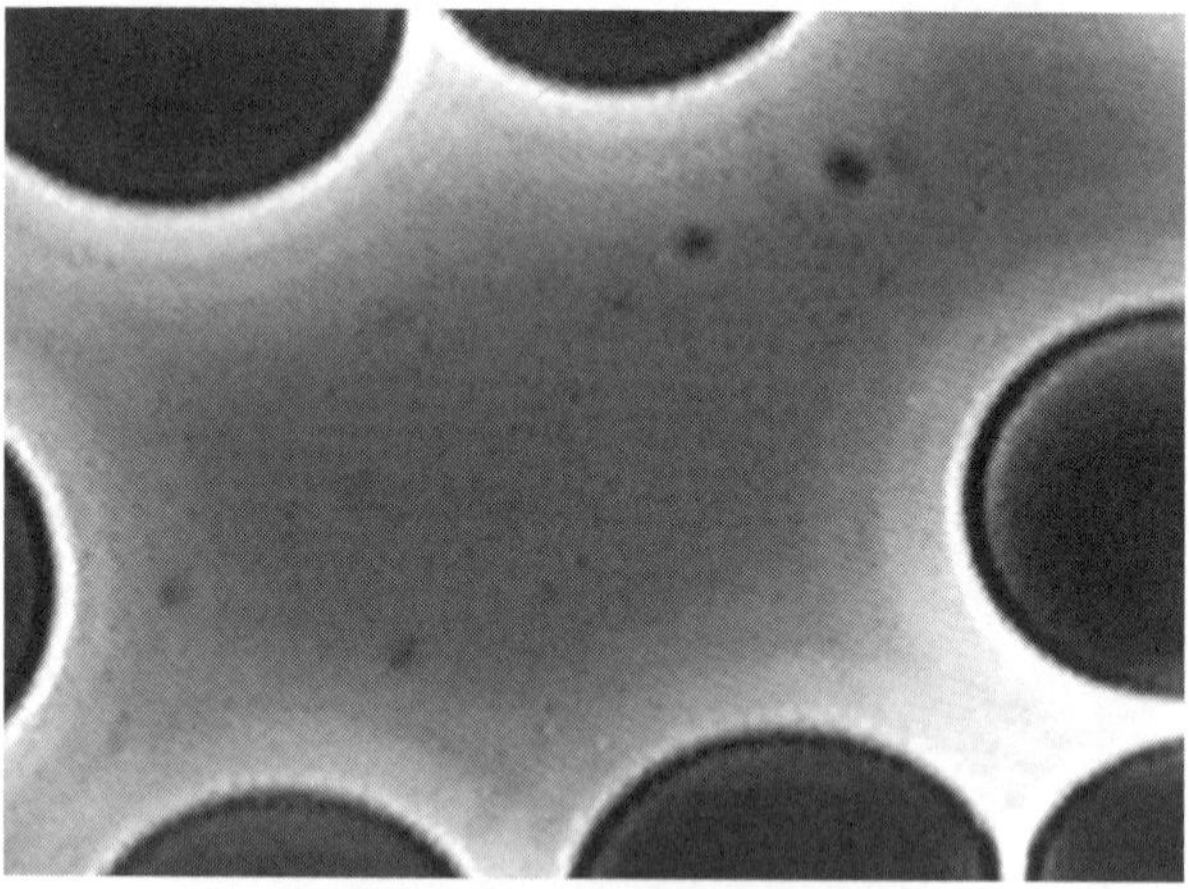

2018年7月8日の血液写真(10000倍)

原始ソマチッドによる変性不良タンパクの分解

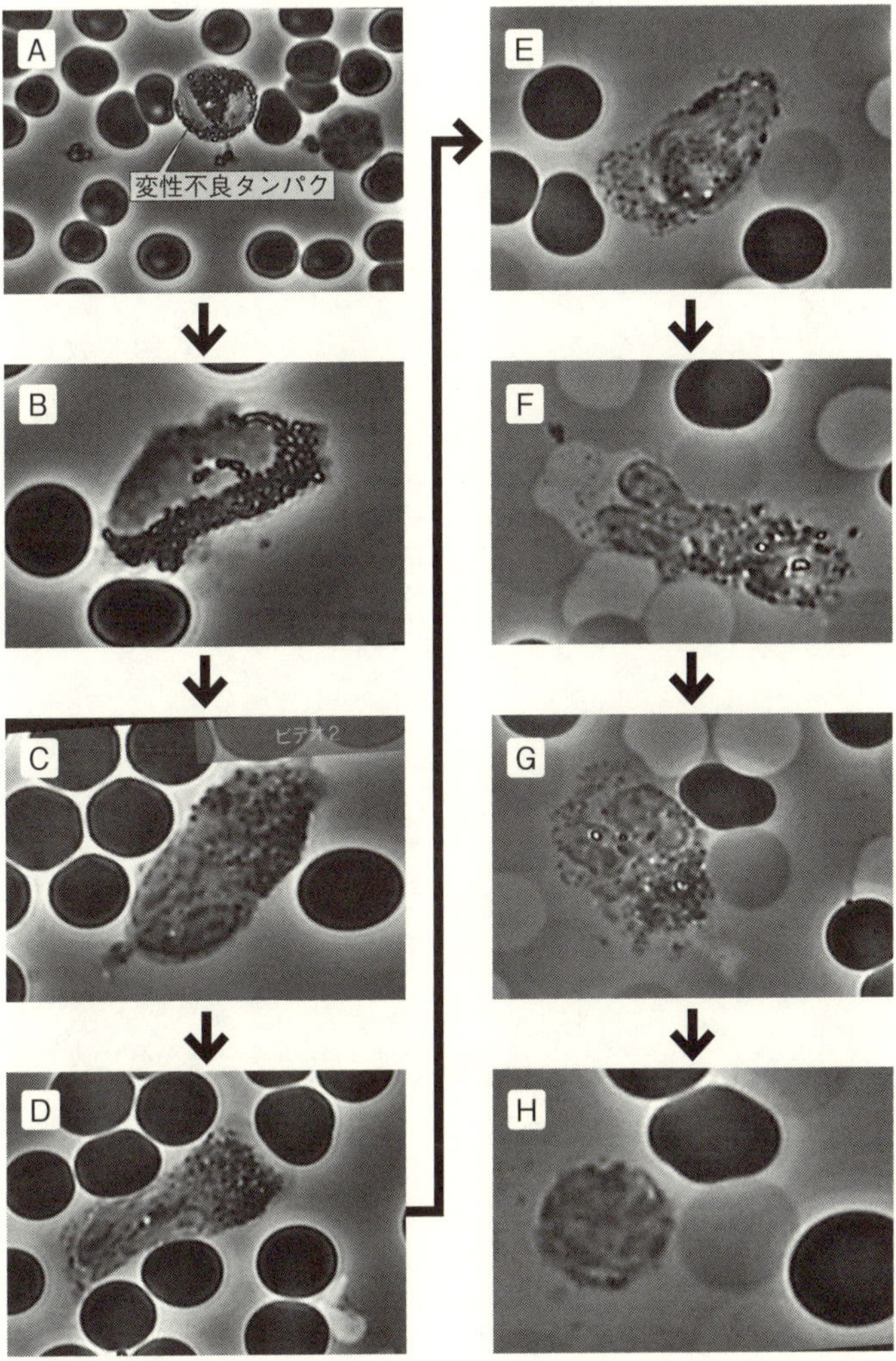

近い異物タンパクを同じように分解消滅させるシーンを見せてくれました。

それはまるで、軍隊が数百人単位で敵を取り囲み、次々と倒して殲滅していく様子に似ていました。それがあまりにも見事で痛快だったので、半日、食い入るように先述した波多野氏と私は観察し続けました。

このとき原始ソマチッドからは、「オレたちが、人体に害をもたらすさまざまな異物タンパクを分解して消しているんだ！」というメッセージが届きました。

その後、数千人の血液を位相差顕微鏡で写した画像を見ていると、誰にでも同様のことが起こっていることがわかりました。

ただし、その分解スピードには違いがありました。赤ちゃんや小さい子どもの場合は、このときの私と同じくらい分解スピードが速いのですが、大人の場合は、高齢になるほどソマチッドの数が少なく、異物タンパクの分解スピードも遅いことがわかりました。

それでも、子どものように元気で純真でポジティブに生きているほどソマチッドの減少が少なく、異物タンパクの分解スピードが速いこともわかりました。

## 免疫細胞の主役はやはりソマチッド

人間に悪性ウイルスや病原菌などが侵入してくると、免疫細胞の白血球が鼻や喉の粘膜や血管内で待ち構えていて殺してしまいます（「細胞性免疫」システム）。

たとえば風邪やインフルエンザ、新型コロナなどのウイルスが侵入してくると、まず鼻や喉、気管などの粘膜細胞へ侵入しようとします。そこでウイルスを貪食（捕食）し、殺し、分解してしまうのが好中球という免疫細胞です。そこを突破してさらに奥に侵入したウイルスは、好中球より何倍も貪食能力が高いマクロファージが貪食して分解します。

そこも通過したウイルスは、今度は小さいリンパ球であるキラーT細胞の攻撃を受けます。さらに、ガン細胞を攻撃し死滅させることで有名なNK細胞（ナチュラルキラー細胞）に貪食され分解されます。

これら3種類の免疫細胞がウイルスを殺すときに主要な働きをするのが、免疫細胞内に大量に存在する顆粒（アズール顆粒）です。この顆粒は原始ソマチッドそのものか、原始ソマチッドに類するものであると思われます。私がそのことを確信するようになったのは、

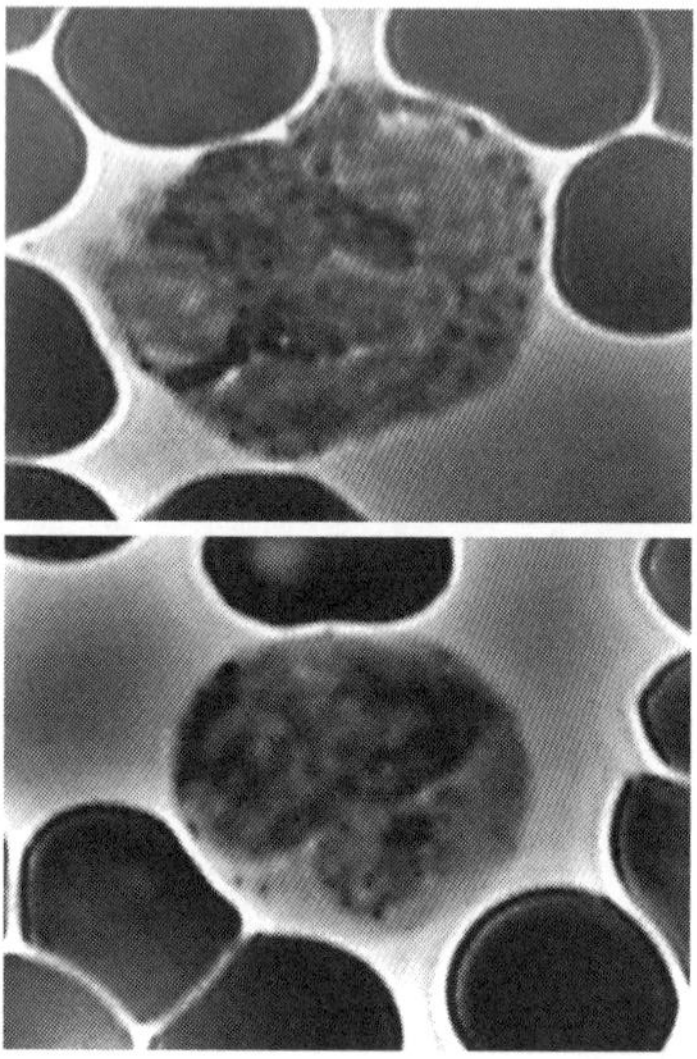

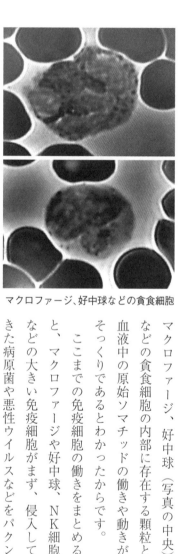

マクロファージ、好中球などの貪食細胞

マクロファージ、好中球（写真の中央）などの貪食細胞の内部に存在する顆粒と血液中の原始ソマチッドの働きや動きがそっくりであるとわかったからです。

　ここまでの免疫細胞の働きをまとめると、マクロファージや好中球、ＮＫ細胞などの大きい免疫細胞がまず、侵入してきた病原菌や悪性ウイルスなどをパクンと呑み込み捕捉します。次に、免疫細胞内に何百個も存在する顆粒（アズール顆粒）が時間をかけて飲み込んだウイルスを分解し消滅させます。

　この顆粒の動きがソマチッドの動きと同じです。このことは、ソマチッドが多いほど、さらにソマチッドが活性化しているほど免疫細胞の働きが速いことからも十分推測できます。

　残念ながら、現代科学では、まだこのことは解明できていません。現代の物質科学は、珪素で構成されている珪素生命体の領域まで到達できていないからです。

## 遺伝子ワクチンの毒物を解毒しスパイクタンパクを分解

同調圧力で止むを得ずコロナ遺伝子ワクチンを接種してしまったという人は多いでしょう。それは、2025年冬から全面的にスタートするインフルエンザ遺伝子ワクチンの接種についてもいえることです。

結果としてワクチン接種を受けた場合、体内に入ってしまったワクチンに混入されている酸化グラフェン（酸化鉛）、水酸化アルミニウムなどの化学物質を排毒（デトックス）するにはどうすればいいのでしょうか。あるいは、接種後、体内で量産され続けるスパイクタンパクをどのように分解すればいいのでしょうか。

ここまで読まれた読者の皆さんは、すでにおわかりだと思いますが、もう一度整理しておくことにします。

### 1 ワクチンの毒物を解毒

遺伝子ワクチンのｍＲＮＡを入れたカプセル膜には脂質ナノ粒子が含まれ、さらにそのカプセル膜にはポリエチレングリコール（ＰＥＧ）が塗布されています。また、カプセルの中には磁性を持ち、脳や神経の毒であると考えられる酸化グラフェン（酸化鉛）も大量に含まれています。

それによって水や脂にも馴染みやすくなり、カプセル中のｍＲＮＡが細胞内に入りやすくなりますが、同時にこれらの化学物質が数年以上にわたって細胞内に蓄積されていくと考えられます。そのままにしておくと、体内で作られ続けるスパイクタンパクとともに細胞のガン化につながりますし、さまざまな悪影響を招くことにもなると考えられます。

ですから、ワクチンを接種してしまった場合は、一刻も早く化学物質毒を排出することが必要です。その決め手は細胞の毒物質を排出（デトックス）する役目も果たすミトコンドリアの代謝活動を活性化することです。

そのためにオススメの秘訣をまとめておきます。

①小食
②丹田呼吸で酸素を多く摂り込む
③抗酸化物質（フィトケミカル）を多く摂り入れることで水素の電子を多く供給する
④酵素を摂り込む

⑤補酵素（ミネラル・ビタミン）を摂り込む
⑥珪素を多く摂り込むことで電子をより多く供給する
⑦原始ソマチッドを多く摂り込み活性化させることで、さらに大量の電子を供給

これらのうち③と④と⑤と⑥をまとめて行うために効果的な方法のひとつが、無農薬材料で作る手作り酵素です。さらに次のふたつを加えることもオススメです。

⑧有酸素運動でミトコンドリアの多い筋肉細胞を増やす。特に足腰の筋肉をつけることが大切
⑨遠赤外線サウナ、木曾ヒノキ水風呂、酵素風呂などで化学物質を体外へ排出

一つの細胞内には100〜4000個のミトコンドリアが存在し、人体が生命活動するための代謝エネルギーの95％を産生していることは先に述べました。

このことをもう少し説明しますと、ミトコンドリア内にあるクエン酸回路がモーターとして回転することでエネルギーが発生します。そのクエン酸回路モーターを回転させるために必要な電子をもっとも大量に供給するのが原始ソマチッドであると考えられます。

そのうえ、原始ソマチッドは気のエネルギーや宇宙エネルギーによって、より大量の電

子を生み出し、ミトコンドリアに供給できるため、クエン酸回路のモーターはますます多くのエネルギー（ATP）を産生することが可能になります。

仙人が食事を摂らなくても霞（＝原始ソマチッド）を食べて生きていられた理由もここにあったはずです。

ミトコンドリアが活性化するほど細胞内に存在する化学物質などの毒物を排出する解毒パワーがアップしますから、コロナワクチンで細胞内に蓄積されたPEG（ポリエチレングリコール）や酸化グラフェン、水酸化アルミニウムなどの排出も促進されます。

原始ソマチッドをより大量に体内に摂り込むために効果的な方法として、MORI AIRの精油や原始ソマチッド珪素パウダーを利用することがあることを紹介しましたが、実際にその方法を実践した方たちの情報が集まってきています。そのなかから、いくつか紹介しましょう。

## 【事例1】髪の毛が黒くなった！

綿貫 幸夫さん（千葉県）

私ども夫婦はワクチンを接種してはいません。しかし、仕事上、人と接することが多く、シェディング（排出）を受け続けているうちに体調が悪くなり、その状態がいつまでも続いていました。そこで原始ソマチッド珪素パウダーを水に溶かして飲用してみました。すると数日で体調が変化してしまったのです。

その後、これは凄いと思い、お風呂に入れたり、ご飯に加えたり、庭の花に溶かした水をかけたりと、いろいろ試してみました。その結果、奇跡的なことがいっぱい生じています。

お風呂には、小さじ1杯の原始ソマチッド珪素のパウダーをペットボトル2ℓの水に溶かしたものを20本作り、お風呂の水に加えて沸かしました。そのお風呂に毎日入浴しています。風呂の水は捨てず、全部庭の野草や果樹の根元にかけています。

入浴すると体がとてもポカポカして温まります。温泉よりもはるかに気持ち良く、元気が出てパワーアップしています。

ご飯を炊くときも、このお水を使っています。玄米がもち米のように柔らかくなり美味しいです。また、庭に植えているユキノシタが1畝枯れていたので、この水をいっぱいかけたところ、即日葉っぱが青くなりました。驚いています。

そのほかに庭にある柚子の木は2、3年実がなりませんでした。そこで、この水をかけていたところ、何十個も立派な柚子の実がなりました。いちじくの実も例年よりも大きく実っています。

買ってきた庭の草花にもこの水をかけると1カ月以上もちます。カーネーションの切り花は花瓶の中で2週間ももちました。

飲料水として毎日4リットル飲んでいますが、私はほとんど白髪だった髪が黒くなってきました。友達からも「染めたんですか?」と言われるくらいです。妻は化粧水がわりにこの水を使っています。肌が白くなったと言っています。

## 【事例2】膀胱炎が解消した!

河村 雅恵さん(岐阜県)

子どものころからリュウマチがありますが、2024年2月に膀胱炎を患い、夜もオムツを付けていました。少し良くなったと思ったら、3月に風邪をひき、膀胱炎がぶり返してしまいました。

そんななか、友達から原始ソマチッド珪素の水を飲ませていただく機会があり、試しに飲んでみると大きな変化がありました。すごく臭いおしっこが出たのです。それからは膀胱炎の症状が軽減していきました。それまではトイレに入るまでに途中で尿漏れすることもありましたが、今では全くありません。

これまで、膀胱炎は筋肉の関係だと思っていましたが、細菌のせいであるとわかってきました。

友達にも原始ソマチッド珪素の水を飲ませてあげたところ、突発性難聴だったのに、コップ1杯を飲んだ30分後には聞こえるようになりました。しばらくしたら、また少し聞こえづらくなりましたが、その後も飲み続けていると、しっかり聞こえるようになっています。

私の周辺では、この友達のほかにも似たような変化を体験する人が出てきています。

## ②スパイクタンパクの分解

遺伝子ワクチンの接種によって体内で作られ続けるスパイクタンパクに反応して、免疫細胞が何かのきっかけで総攻撃をしかける事態が起こってしまうと、最悪の場合、自己免疫疾患で突然死する可能性もあります。この現象は2年から5年以内に起こる可能性があると考えられています。

このような自己免疫疾患を防ぐいちばんの方法は、体内で作られたスパイクタンパクを分解しておくことです。そのために原始ソマチッドがとても効果的に作用することはすで

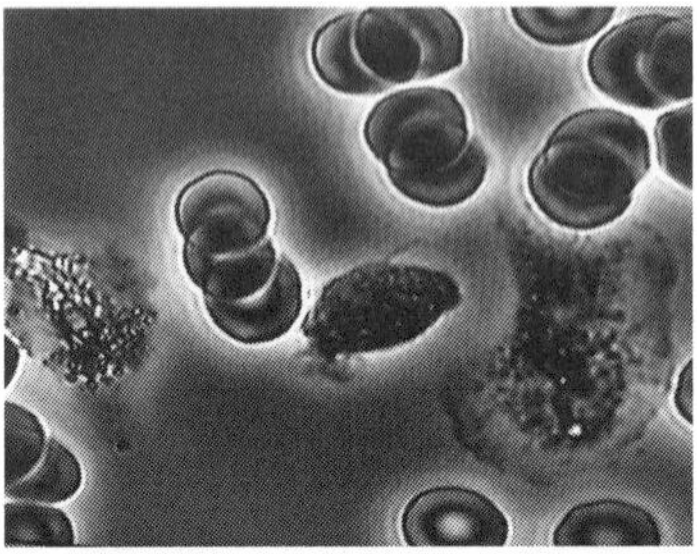
写真a

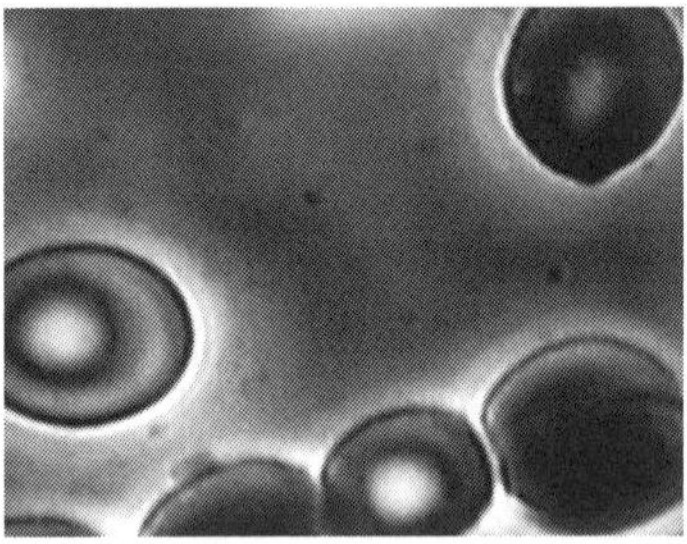
写真b

に述べてきたとおりですが、このことはワクチン接種した50人の位相差顕微鏡による画像でも確認できています。

写真aは、50人のうち森の香り精油を吸引していないグループの血液状態を写したものです。血液中に異物が存在し、赤血球の連鎖や変形が見られます。免疫細胞が戦っているのもわかります。

写真bはMORI AIRを寝室に設置し、森の香り精油に含まれる原始ソマチッドを吸引しながら寝ているグループの血液状態です。こちらの血液中には異物がほとんど存在せず、赤血球がバラバラで、血液はサラサラしていて、きれいです。原始ソマチッドが大量に存在しているのもわかります（小さい点がソマチッド）。

しかも、このグループは原始ソマチッドと珪素が大量に入った石英斑岩のパウダー（原始ソマチッド珪素）を溶かした水で薄めた手作り酵素を毎食後飲用しています。

写真ａには存在し、写真ｂには存在しない異物の一部が遺伝子ワクチンの接種によって体内で作られたスパイクタンパクや、遺伝子ワクチンに含まれる化学物質であるとすれば、原始ソマチッドが血液中や細胞内に入ったスパイクタンパクを分解し、化学物質を解毒していることを示していると思われます。同じことは、森の香り精油でも確認できます。

さらに、新型コロナに感染してしまっても、森の香り精油を室内に噴霧していると重症化せず症状が早く解消することや、ワクチン接種後に起こる副作用が早く改善するという情報からも確認できます。

そのほかにも、森の香り精油や原始ソマチッド珪素によって起こる変化が数多くあります。なかでも特に多いのが肺疾患に関するものです。いくつか紹介します。

①長くても5カ月と余命宣告を受けた93歳の肺ガンの女性が、ＭＯＲＩ ＡＩＲを寝室に設置したところ、半年ほどで肺ガンが消えていた

②間質性肺炎の症状が軽減し、全く風邪を引かなくなった

③風邪やインフルエンザによる肺炎をくり返していたが、ＭＯＲＩ ＡＩＲの設置後1週間ほどで解消し、その後は風邪を引かなくなった

新型コロナウイルスに感染し肺炎になると、重症化し死亡に至るリスクが一気に高くな

りますが、ワクチン接種の場合はもっとリスクが高くなります。森の香り精油や原始ソマチッド珪素には、そうした状態を変える大きな可能性があることはこれまで述べてきたとおりです。

第2部の最後に、原始ソマチッドがどのように現代によみがえってきたのか、まとめておきたいと思います。

原始ソマチッド珪素は、北海道日高山脈中の石英斑岩を微粉末（パウダー）にしたものです。原始ソマチッドがその珪素の殻に閉じこもったまま30数億年以上、エネルギーを充塡しながら休眠していました。

これまでは、北海道八雲地方に存在する古代ソマチッドが有名でした。それは、2500万年前に地殻変動で海底が隆起し、海底に存在していたカミオニシキ貝が化石化したとき、その中に含まれていたものです。

一方、北海道日高山脈中の石英斑岩の珪素の殻に閉じこもっていた原始ソマチッドは、この古代ソマチッドよりはるかに古く、大きさも0・3ナノ（100万分の0・3ミリ）から数ナノ（100万分の数ミリ）と小さく、エネルギーがきわめて強いのが特徴です。しかも、数倍も多くの原始ソマチッドが珪素の殻の中に存在しています。

その原始ソマチッドはきれいな水に出会うと珪素の殻を破り、水の中に飛び出して激しく躍動しながら生命活動をはじめます。原始ソマチッド珪素のきれいな水に少量溶かして思い切りシェイクしても、同じことが起こります。

森の香り精油に含まれる原始ソマチッドの場合は、木曽御嶽山など深山の地下深くに存在する花崗斑岩などの岩盤中に、珪素の殻に閉じこもったまま30数億年以上休眠していた原始ソマチッドが含まれています。その珪素の殻がきれいな地下水に触れたとき、地下水の電子を受けて原始ソマチッドが30数億年ぶりに目覚め、珪素の殻を粉々に破り、飛び出して地下水に入ります。その地下水が木曽ヒノキなどの根っこから吸い上げられることで、その樹液（森の香り精油）には原始ソマチッドが豊富に含まれています。

私の元には、実際に原始ソマチッド珪素の水によって、どんな変化が起こっているのかを知ることができる情報も集まってきています。そのいくつかを取り上げてみます。

## 【事例1】原始ソマチッド珪素を溶かした水で神経のしびれ、痛みが消えた（女性・61歳）

ファイザー社のワクチンを3回接種しました。2回目までは特に副反応もなく、安心していましたが、3回目接種から半月経ったころ、接種した側の肩や腕にしびれ、痛みがは

じまりました。いずれ消えるだろうと思っていましたが、2カ月経っても3カ月経っても
おさまるどころか、かえってひどくなっていきました。
荷物を持つ仕事が多いので困っていたとき、原始ソマチッド珪素のことを知り、毎日ペットボトル（500㎖）に溶かして2本飲み続けました。すると、徐々にしびれや痛みがとれ、1カ月ほどで解消しました。

### 【事例2】眠れないほどの肩の痛みとしびれが解消した（女性・74歳）

1回目と2回目のワクチン接種では、肩が赤く腫れる程度で済みました。ただ大学生の孫娘とその友達は38度台の高熱が続き、二度と打たないと言っていました。私は仕事上、接客する機会が多いため3回目を接種しました。ところが、2週間目ころから腕と肩と胸にしびれや痛み、息苦しさを感じはじめました。重い荷物の運搬があった日は、眠れないほど肩と腕の神経の痛みを感じました。

そのほかにも、毎日、疲労感がひどく、1カ月以上続きました。そのころ原始ソマチッド珪素のことを知って、早速毎日ペットボトルに溶かして飲み続けました。すぐには変化は起こりませんでしたが、半月経ったころから少しずつ変化が現れ、2カ月目に入ったこ

ろに完全に元に戻っていました。

その後、『免疫を破壊するコロナワクチンの解毒法』を読み、原始ソマチッドが分解してくれたんだと納得。周囲には4回目は打たないほうがいいよとアドバイスしています。


じつは、原始ソマチッドはスパイクタンパクの分解だけでなく、同じく人体にとって異物タンパクである病原菌も分解します。私自身がそのことを知る体験をしました。ある日、何かの細菌が私の左耳側の皮膚細胞に侵入し、増殖しはじめました。明らかに細菌による感染症でした。それは、2022年10月初旬から12月初旬までの2カ月間余り続きました。

そのころ私は、航空機と新幹線で移動しながら札幌から鹿児島まで全国あちこちの都市で終日セミナーを行っていました。それとともに、秋の手作り酵素の指導も行いました。さらにその合間に、数トンに及ぶ数十種類の無農薬果物などの材料集めも行い、夜は明け方3時とか4時まで本書の原稿執筆を1日も休むことなく続けました。そのため睡眠不足と過労の連続でしたが、それでも地元にいる週3日間は夜1時間スポーツクラブで水泳と筋力トレーニングを続けていました。

じつは、その10数年前、超過労で免疫力が低下しているときに、私の唯一のウイークポイントである副鼻腔に、浄化装置にトラブルのあったプールの細菌が侵入し感染症を引き起こしました。そのときは医師の処方で抗生物質も使いましたが、発熱と副鼻腔炎が続き、回復するまでに3カ月かかりました。

今回は副鼻腔ではなく、内耳と中耳周辺に炎症が生じて腫れ、その後、外耳の耳たぶが2倍にもぶ厚く腫れました。すぐ、いつもより大量に原始ソマチッド珪素を溶かした水を飲み、体内の原始ソマチッドに向かって光・丹田呼吸をして「細菌を全部、分解してくれ！」とテレパシーを送り続けました。すると熱が下がり、腫れも早くおさまり、5日間程で完全に回復しました。

痛快だったことは、夢の中で原始ソマチッドが細菌を集団で包み込んで分解し、消滅させている様子が見えたことです。そのとき原始ソマチッドからは「オレたち極小珪素宇宙意識生命体が炭素成分でできた細菌を殺し、分解消滅させて守っているんだぞ！」というメッセージが届きました。

宇宙意識に従って暮らし活動していると、体内に存在する原始ソマチッドが応援してくれていることに改めて気づかされました。

# パート Ⅲ

# 原始ソマチッドがもたらす セルフケア医学と無農薬農業への活用法

# 1章 原始ソマチッドが秘めるミラクルな働き

ここでは、まず、原始ソマチッドがもたらすセルフケア医学の可能性について考えてみたいと思います。そのこととも関係しますが、次に無農薬農業への活用の可能性について見ていきたいと思います。

## ガン解消への活用

ガン解消に原始ソマチッドを活用することの可能性を示す情報が集まってきています。そのなかから、いくつか取り上げてみましょう。

### 【事例1】コロナワクチン3回接種後に発症した大腸ガンとリンパのガンを克服!（女性

・60歳）

知り合いから「コロナワクチンは打たないほうがいいよ！」と聞いてはいましたが、仕事上、周囲が接種しているため、3回接種してしまいました。ただ、4回目からの接種はやめました。ところが1年余り経った2023年の夏に大腸の上行結腸ガンが発見されました。リンパにもガンがあることがわかりました。

コロナワクチン接種直前のガン検診では、大腸ガンの兆候は全くなかったのに、「どうして？」と驚きました。医師にすすめられるまま上行結腸とリンパの3カ所の摘出手術を受けました。手術後、担当医師から、まだリンパの一部にガンが残っていることと大腸ガン再発を防ぐために、抗ガン剤治療をすすめられました。以前、松井先生のセミナーで「抗ガン剤の危険性」について聞いていたことと、「ミミテック通信」に書かれていたことを思い出し、改めてワクチンが原因で大腸ガンになった可能性があるかもしれないと思いました。

そのことも含めて、最終的に抗ガン剤治療は受けないと決意しました。担当医師からは、新しい抗ガン剤のひとつである分子標的薬とオキサリプラジンという抗ガン剤を併用した治療を行いましょうとすすめられましたが、お断りました（断ることが大変でした）。

手作り酵素のことはすでに知っていましたが、飲んだことはありませんでした。今度は試してみようと思い、手作り酵素の野草酵素を、「原始ソマチッド珪素」のパウダーを溶かした水で希釈し、毎食後飲みました。原始ソマチッド珪素のパウダー水も水分がわりに多く飲みました。すでにMORI AIRは持っていたので、噴霧時間を長くしました。

もう一つの悩みであった肛門の出口の腫瘍については、担当医師から治療方法がないと言われましたが、野草酵素の原液と原始ソマチッド珪素のパウダーを混ぜ合わせて湿布シートに染み込ませ、それを貼り続けていると腫瘍が解消していました。

ミミテック音読学習器でアファメーション（なりたい自分を手に入れるための自己宣言）をするイメージトレーニングについて以前学んでいたのですが、「私の大腸は子どものように若々しく元気です。ありがとう、ありがとう……」と毎日、何十回もくり返し唱え続けました。

すると、その翌年（2024年）4月の検査では、大腸もリンパも異常はなく、腫瘍マーカーも正常値でした。7月の検査でも全く問題なく正常です。

## 【事例2】初期の乳ガンを自分で治せた！（女性・39歳）

右側の乳ガンが見つかり、ステージ1の初期ガンでした。手術の日程も決まり、手術後は抗ガン剤で再発しないようにしましょうとの打診もありました。

そんな折、松井先生の潜在能力開発セミナーに参加しました。そのセミナーで、ガンが発生するいちばんの原因が精神的ストレスにあることに気づきました。さらに、「自分の感情を抑え込んで我慢していると右側の乳ガンになりやすい」ことを知り、思いあたる節があったので納得しました。

自分の感情で作ったガンは、初期であれば自分の感情を正し、ポジティブな感情になれば、正常細胞に回復するようです。

私は、もともと乳ガン手術も抗ガン剤投与も受けたくなかったのですが、本気で手術にも抗ガン剤にも頼らず乳ガンを克服する可能性を探ってみようと思いました。自分でできることをどんどんやってみようと思い、松井先生が提唱する「自分で治すセルフ医学」や「手作り酵素と、病気知らずの若返り食生活法」についても学んでみました。

何より、ガンは自分で作ったものであると知って気持ちが軽くなり、ストレスが消えました。何かがふっ切れたようでした。

ガンの原因の一つになっている血液の汚れについては、腸の腐敗につながる肉食やトランス脂肪酸などの悪い油を徹底して避けるようにしました。そして、酵素作り教室に夫婦で参加し、自分たちで大量の酵素を作って飲み続けました。それによって腸内の善玉菌が増え、腸や血液がきれいになってきたようです。手作り酵素だけで10日間の断食も行いました。

さらに免疫力を高めたいと思い、「原始ソマチッド珪素」のパウダーを溶かした水も毎日1ℓから2ℓ飲みました。

こうしたことを続けていると、腫瘍マーカーの数値が下がってきて、何と、しこりのようなものも消えてしまいました。

コロナワクチンは、当初から疑問を感じていたので接種していませんでした。後になってわかったことですが、もしワクチンを打っていたら、乳ガンがもっと大きくなっていたかもしれないと思いました。自分の直感に従って「ワクチンを打たなくて良かった！」と自分に自信をもてました。

乳ガンになったことが、自分にとってはさまざまな気づきと学びを得る機会になったと感じています。今は、本当に感謝しています。

## 【事例3】大腸の手術後は原始ソマチッド珪素で良好（女性）

食事が進まなくなり、検査したところ、大腸ガンで直腸の入り口には直径5㎝の腫瘍が出来ていました。腸閉塞の危険性があるため、急ぎ腫瘍摘出手術をしました。その後、抗ガン剤もすすめられましたが、同郷の安保徹先生から抗ガン剤の危険性について聞いていたので、お断りしました。

安保先生からソマチッドのことも聞いていたので、原始ソマチッド珪素水を毎日、できるだけたくさん飲んでいます。ＭＯＲＩ ＡＩＲも寝室とリビングで使っています。お蔭様で、検査では全く問題点はなく、ずっと体調は良好です。コロナワクチンは接種していません。

## 【事例4】末期の大腸ガンを緊急手術のみで克服（男性・52歳）

ステージ4の大腸ガンで突然倒れ、救急車で運ばれました。そして、緊急手術を受けました。抗ガン剤治療もすすめられましたが、抗ガン剤の副作用のことは知り合いからも聞いていたので、お断りしました。

改めて、自分の生き方や食生活に原因があると思い、肉やトランス脂肪酸類はいっさい止め、無農薬作物などの食生活へ全面的に切り替えました。精神的には何事にも執着せず、考え方もすべて前向きにポジティブにとらえるように心がけました。

そのような積み重ねが功を奏したのでしょう、ガンの再発もなく、今は体も気分も軽く絶好調です。今は、原始ソマチッド珪素のパウダーを水に溶かして毎日多く飲んでいます。コロナワクチンは担当医師からすすめられましたが、一切接種していません。

## ワクチン後遺症の解消

遺伝子ワクチン後遺症は、従来のワクチンと違って一過性（一時的）ではなく、数年から数十年にわたって続くと考えられます。

先述したように、特に肩筋力を中心に体を鍛えている人ほどワクチン後遺症が続くと思われる傾向は、野球やバレーボールなどのスポーツ選手、剣道や柔道や空手などの武道をしている人、職業柄、毎日肉体の鍛錬をしている人などに顕著に現れます。

一時話題になりましたが、有名スポーツ選手が2回接種後1カ月以内に心筋炎で亡くなるという出来事もありました。3回目を接種後から症状が酷くなって寝込んだり、仕事ができなくなるというケースも、日本全国に数十万近くあるといわれます。

本来は、肩や腕の筋肉も含めて筋肉を鍛えていると体力が強化されるはずですが、その肩の筋肉に遺伝子ワクチンを接種すると、筋肉細胞内に侵入したｍＲＮＡによってより大量のスパイクタンパクが作られ続けると考えられます。そのスパイクタンパクが全身に広がって、さまざまな障害を引き起こすことは、これまで説明してきたとおりです。

もちろん、熱心に筋肉を鍛えているような若い人は、高齢者よりは代謝力が高く、血管も若々しいのですが、それでも遺伝子ワクチンによって体内に作られるスパイクタンパクを分解し排泄しないと健康状態を維持することが難しくなるでしょう。そのままにしていると、一生涯、後遺症が続き、死に至るかもしれません。ですから、原始ソマチッドを体内に多く摂り込むことが大事なのです。

スパイクタンパクによって起こる血管障害によって、神経系のしびれやふるえ、痛み、首が回らない・肩が上がらないなどの異常が起こることもありますが、原始ソマチッドを体内に摂り込むことで体が変化していくことも多くあります。

私の元にも、そのことを示す情報が全国から数多く寄せられています。そのなかからいくつか事例を取り上げておきます。

## 【事例1】3回目接種後からはじまった肩、腕、足のしびれが消えた（男性・50代）

私は空手の師範として、毎日指導をしています。コロナワクチン2回目接種後、微熱と接種した側に赤い腫れが出ましたが、早めにおさまったので軽い副反応かなと思っていました。

ところが3回目接種後、少しずつ肩や腕、足にしびれが出てきました。これも副反応かなと思い、我慢していましたが、症状はおさまるどころか、ますます悪化し、空手の指導どころではなくなりました。

そんな折、新聞広告で松井先生の『コロナワクチンの解毒法』という本を見つけ、早速読んでみると、原始ソマチッドのことが書かれていました。さっそく「原始ソマチッド珪素」のパウダーを水に溶かし、毎日1ℓ以上飲み続けました。すると徐々にしびれが和らぎ、再び空手の指導ができるようになったのです。半年程して、もう大丈夫と思い、飲むことを止めていると、再びしびれがはじまりました。

松井先生の本には、「ワクチン接種で体内細胞に入ったmRNAは一時的な副作用で終わらず、長期間にわたって存在し続けるため、その影響が続く」とあります。それで再び「原始ソマチッド珪素」のパウダーを飲みはじめると、しびれは徐々に消えはじめました。

松井一口メモ

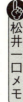

自衛隊の若い隊員約1000人がコロナワクチン2回目を接種後、4分の3にあたる約750人が37・5度以上の発熱があり、さらにそのうちの約500人は38度以上の高熱で数日間寝込んでしまいました。

このことは週刊誌でも報道され、広く知られています。

それだけではありません。3回目の接種後は、手、腕、足などのしびれや硬直が徐々にはじまり、活動できなくなった隊員も多くいました。

先述したように、筋肉を鍛えているとスパイクタンパクがより大量に作られるため後遺症が出やすいと考えられますが、消防隊員、警察官、ボディビルダー、空手や剣道、柔道、野球など毎日、筋肉を鍛えている人たちもそうです。特に3回目ワクチン接種時から、このような後遺症が出はじめるようです。

## 【事例2】ワクチン2回接種で上昇した血糖値と神経の痛みが解消（男性・70歳）

元々、軽い糖尿病と高血圧がありました。基礎疾患がある人は早めにコロナワクチンを接種しなさいと医師からすすめられ、何ら疑うことなく2回接種を受けました。ところが接種1カ月後の検診時に、血糖値が今までにないほど上昇していました。血圧も以前より高くなっていて、疲労感がとれない日々が続きました。

医者に相談すると、ただ薬を飲めとの一点張りでした。遺伝子ワクチンが原因とは言われませんでした。しかし、松井先生の著書を読み、やっぱり遺伝子ワクチンが原因だったと納得しました。

また、スパイクタンパクの分解には森の香り精油や原始ソマチッド珪素に含まれる原始ソマチッドが役に立つことを知りました。まず、原始ソマチッド珪素のパウダーを水に溶かし、ペットボトル2本を飲んでサウナと運動で汗をかくという毎日を続けました。すると、3カ月で血糖値も高血圧も正常に戻り、疲労感がなくなり、以前のように仕事ができるようになりました。

## どのようにシェディングは起こるのか

シェディングとは、遺伝子ワクチンを複数回接種した人の体内からスパイクタンパクが息や体液などを通して排出され続けることです。本人はワクチンを接種していなくても、周囲からのシェディングでスパイクタンパクを大量に吸い込むと、ワクチン接種と似たような状態になると考えられます。皮膚細胞が繊細な女性や子ども、赤ちゃんにじん麻疹や湿疹、皮膚内出血などの皮膚トラブルが生じるというのもシェディング被害であることが多いようです。たとえば、こんな情報が届いています。

### 【事例1】対面の仕事でシェディングの影響が現れた

私たち夫婦は司法書士事務所を営んでいます。夫婦ともにワクチン接種は受けていません。ところが、毎日相談に訪れるお客様の多くはワクチン接種を3回、4回と受けていますし、一人ひとりとの対面時間が長くなることもあるので少なからずシェディングを受けていると思っていました。そのうえ、仕事上、ワクチン接種を受けている同業関係者が多い会合に参加する機会も多く、そこでもシェディングを受けることになります。

その影響が体に出てきたのだと思います。ここ数カ月、首が回りにくい、肩の凝りがひどくなり痛む、全身がどうしようもなく重たいといった状態が続いていました。皮膚内出血もずっと続いていましたし、夕方になると目が疲れてぼんやりし、細かい文字が見えにくくなっていました。

そんな折参加したセミナー会場に置かれていたのがＭＯＲＩ　ＡＩＲです。連続噴霧になっていました。そこに終日（午前10時から午後6時）いましたが、目も頭もスッキリしました。

## 【事例2】ワクチン接種の親戚夫婦からのシェディングで生後1カ月の赤ちゃんに湿疹

私たち夫婦はもちろん、実家の父母も遺伝子ワクチンは接種していません。あるとき、ワクチンを３回接種した親戚夫婦が子どもの誕生祝いに駆けつけてくれました。生後１カ月の赤ちゃんを抱っこしてくれましたが、翌日赤ちゃんに湿疹が出ました。２、３日経っても全くおさまらず困っていました。

その後、赤ちゃんはシェディングを受けやすいこと、そして解毒症状が出やすいことを知りました。

すぐＭＯＲＩ　ＡＩＲを連続噴霧（３００秒噴霧、50秒一時停止）にしました。また、母乳を通して赤ちゃんが吸収できればと思い、私は手作り酵素や原始ソマチッド珪素の水を多く飲むようにしました。すると、翌日から徐々に湿疹の出方は減りました。

ところが、生後１カ月検診で病院を訪れたところ、翌日から湿疹が再び出て元に戻ってしまいました。病院ではワクチン接種している医師やスタッフが多いので、そこから再びシェディングを受けてしまったのかもしれません。

**松井一口メモ**

私の元にはシェディング被害を受けたと思われる赤ちゃんや小さい子どもの母親からの情報も届いています。その多くが湿疹やじん麻疹でした。事例2の赤ちゃんのご両親は、お二人ともコロナワクチンは接種していませんでしたが、他の大人からシェディングを受けてしまったようです。

大人がシェディング被害の症状が出るケースはワクチン接種者が多い職場環境に毎日いる場合が多いようです。ただし、大人は子どもより代謝力が低下しているため、すぐにはシェディングによる症状は出てこないようです。

換気の悪い部屋で、複数回ワクチンを接種した人に直に対面し、長時間接しないかぎり、1度や2度の短い対面ではシェディング被害は受けませんが、赤ちゃんや小さい子どもの場合はとても敏感で代謝力が強いため、1度、2度の接触でもシェディング被害を受けてしまったのだと考えられます。

くり返し述べていますように、シェディングされている物質のほとんどはワクチン接種後に体内の細胞内で作られ続けているスパイクタンパクですが、ワクチンに含まれるｍＲＮＡ、さらに酸化グラフェンやポリエチレングリコール、有機溶媒などもシェディングされる可能性があります。

ワクチン接種を受けても、これらを解毒し続けていれば体の外にシェディングする可能性は下がりますが、わからないでいるとシェディングをしてしまいやすくなるでしょう。特に周囲に免疫力が低下していたり基礎疾患を抱えたりする高齢者がいる場合は、シェディングの被害を受けやすく、重症化や死亡に至ったと思われるケースさえ出ています。

いずれにしても、いちばんの対策はワクチン接種やシェディングによって体内に存在するようになったスパイクタンパクやワクチンに含まれていた化学物質を解毒することです。そのために、原始ソマチッドの働きがもっとも効果的であることは、何度も述べてきたとおりです。

## レプリコンワクチンで新たな異常が引き起こされる

２０２５年冬からスタートするインフルエンザワクチンは、すべて遺伝子ワクチンになる予定です。このワクチンの最大の特徴は、人体の細胞内でスパイクタンパクの設計図であるｍＲＮＡを何倍にも増やすことにあります。

その結果、スパイクタンパクがコロナワクチン以上に多く作られ続けることが可能になり、ウイルス対策がさらに向上するというものです。しかし、本書で何度も述べているスパイクタンパクの危険性を考えると、被害の可能性が格段に高まることになりかねません。もちろん、シェディング被害がもっと増加することも予想できます。

## こんなミラクルな働きも

1章では、原始ソマチッドのもっとも典型的な働きについて述べましたが、この章では、そのほかにもミラクルな働きをする可能性について、私自身の体験も含め、全国から集まってくる情報から見ていきたいと思います。

### 1 酷い虫刺され

これは私（松井）が体験したことです。２０２４年5月に、標高５００メートルの山の

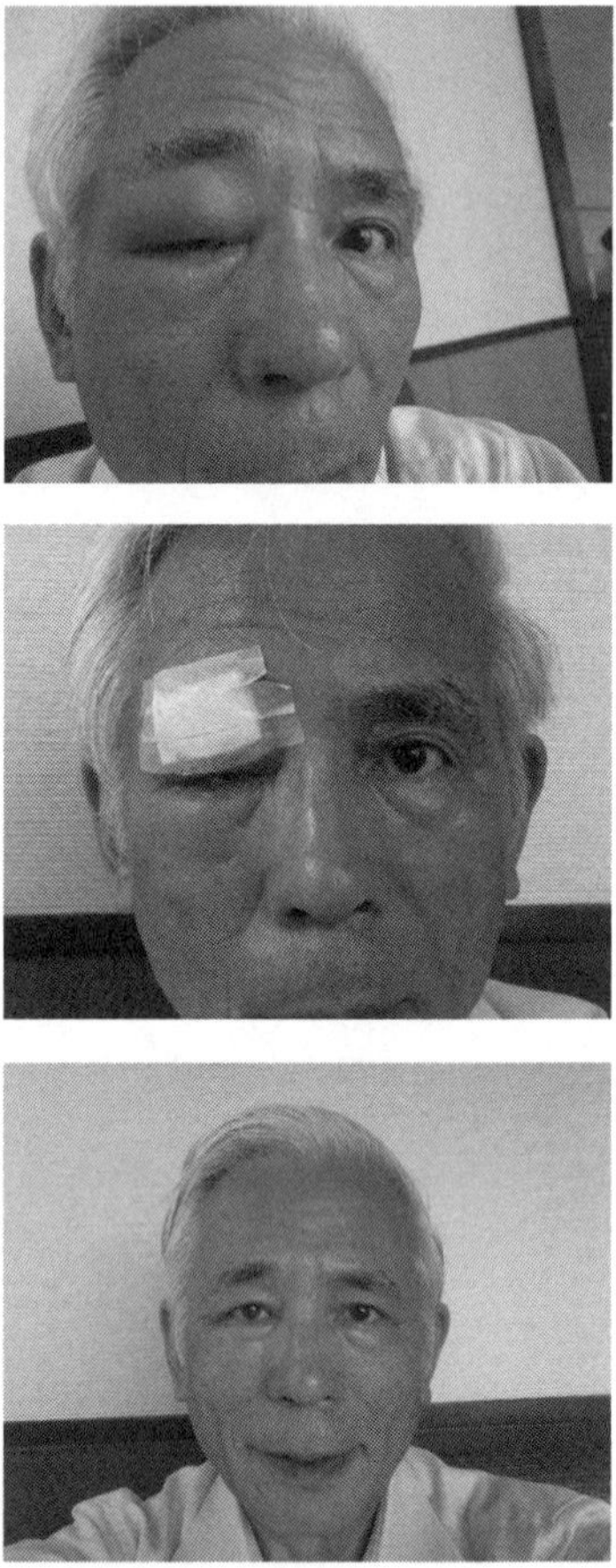

写真上から①朝の腫れ顔
②湿布シートを貼った顔
③翌朝の回復顔

斜面で下刈りをし、32本の本柚子の苗木を植えました。そのとき数百匹のブヨに集中攻撃され、その夜、毒が回って右目まぶたを中心に右顔面がパンパンに腫れました。朝起きたときは右目が開かないほど腫れていました。

そこで「原始ソマチッド珪素」のパウダーを水に溶かし、数回に分けて3リットル飲みました。野草の手作り酵素の原液と「原始ソマチッド珪素」のパウダーを混ぜた湿布シートを作り、右目まぶたに乾燥しないように貼って本の原稿執筆をデニーズで終日行いました。

ビックリするほど顔が腫れていたのですが、夕方にはほとんど引き、翌朝には完全に元に戻っていました。社員も家族もデニーズの店員も驚き感心していました。原始ソマチッドが体の内側と外側から浸透し、毒を分解してしまったのだと思います。この処置をしなければ、完全回復するまでに1週間近くかかったことでしょう（3枚の写真はそのときのもの）。

それから1カ月後に、同じ場所でブヨに刺され腫れもありましたが、このときは大したことはないだろうと油断をして、そのまま放置していました。ところが、完全に腫れが引くまでに4日間かかりました。

### 松井一口メモ

手作り酵素にも原始ソマチッドと優良な現代ソマチッドが多く入っています。どの手作り酵素も山奥や無農薬の材料を使って発酵させて作っているからです。特に山奥の40種類から50種類の野草、薬草、木の新芽などで手作りした野草酵素には原始ソマチッドと優良な現代ソマチッドが大量に入っています。

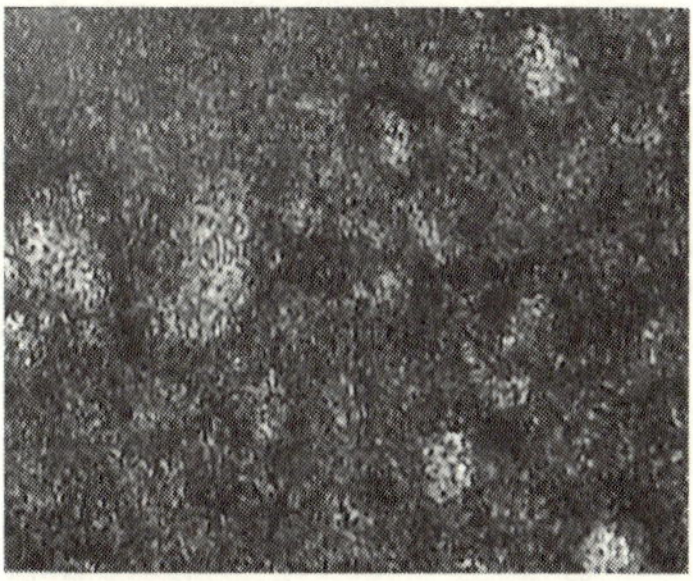

手作り野草酵素
大量の原始ソマチッドと現代優良ソマチッドが存在　位相差顕微鏡1000倍

写真は野草酵素の原液と「原始ソマチッド珪素」のパウダーを混ぜ合わせた原液を位相差顕微鏡で見たものです。超大量のソマチッドが存在し、躍動している様子がわかります。

## 2 細菌感染

これも私の体験です。その年の12月、本柚子酵素の材料である山奥の本柚子を長尺バサミで獲っていた際に柚子の木のトゲを踏み、長グツの底から突き刺さりました。地面がぬかるんでいたため、そこから細菌が入ったのでしょう。それでも毎週土日中心に開いている３日間のセミナーは立ちっぱなしで行いました。平日の夜続けているスポーツクラブでの水泳と、４００回のスクワット、４００回の腕立て伏せ、４００回の腹筋をサウナ内でやり続けました。

ところが、状態はなかなか回復してきません。半年後には写真の

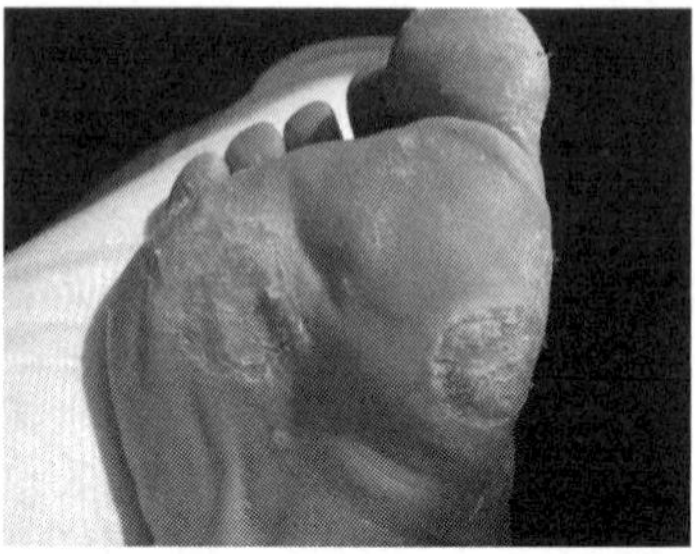

酷い足裏

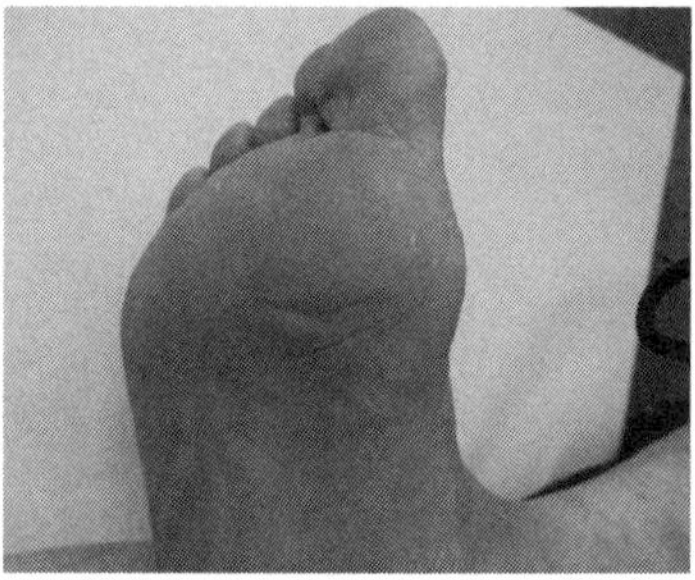

回復した足裏

ような酷い状態になってしまいました。

そこで、本気で治そうと野草酵素の原液と「原始ソマチッド珪素」のパウダーを混ぜた湿布シートを厚めに作り、足裏に1日中貼り続けました。ただしセミナーもスポーツクラブもこなしていました。

1カ月かかりましたが、写真のように元の状態に回復しました。手作り酵素内の酵素と補酵素（ミネラル、ビタミン）とアミノ酸、そして原始ソマチッドがうまく作用してミトコンドリアを活性化させ、細胞の再生を早めたのだと思われます。

## 3 帯状疱疹

コロナワクチンを接種した中高年の女性にもっとも多く発症するのが帯状疱疹です。これにコロナワクチンが関係していると気づいている人はほとんどいません。帯状疱疹の原因となるヘルペスウイルスは多くの人に潜んでいます。余程の心身へのストレスが続かないかぎり、ヘルペスウイルスが暴れて帯状疱疹を発症することはありません。

ところが、コロナワクチン接種後に帯状疱疹を発症することが多いのは、コロナワクチンで免疫力が低下したためにヘルペスウイルスが暴れ出すからだと考えられます。ワクチンを打てば打つほど免疫力が低下すると考えられますから、帯状疱疹も発症しやすくなります。

ワクチンを接種していなくても、精神的ストレスや睡眠不足、過労などが長期間続くと、青年や中年の男女でも帯状疱疹を発症することがあります。

帯状疱疹は腹部周辺に発症するケースが多く、患部にピリピリ、ズキズキとした痛みが続き、回復するまでに3カ月以上かかることもあります。なかには顔面に発症してしまい、営業などの仕事ができず、辛い経験をする人もいます。

テレビでは、こうしたことには全くふれないまま、「帯状疱疹が増えています。50歳を越えたら帯状疱疹予防接種（ワクチン）をしましょう！」とコマーシャルしています。しかしワクチンは、かえって免疫力を低下させてしまうリスクが高く、ヘルペスウイルスを殺すことは難しいでしょう。

私の元に全国から届く情報では、原始ソマチッドが帯状疱疹に対しても優れた働きを持つことがわかります。たとえば、手作り酵素の原液と「原始ソマチッド珪素」のパウダーを混ぜた湿布シートを一日中貼り続けていると、7日間ぐらいで解消した（青年）、半月から1カ月で解消した（中高年）という報告もあります。

## ④酷いじん麻疹や湿疹

一般的なじん麻疹の原因は食物や薬剤、アレルゲン、精神的ストレスなどです。ところが、コロナワクチンの接種が進むにつれて新たな原因が加わり、ワクチンを接種していない赤ちゃんや子ども、鋭感な大人（特に女性に多い）にシェディングによる被害と思われる酷いじん麻疹や湿疹が発症し、長く続いています。

以下は、職場でシェディングを受けて全身にひどいじん麻疹が出たという50代の女性からの情報です。

「私は、ワクチン接種は全く受けていません。職場の同僚はほとんど全員ワクチン接種を済ませていますが、2回目接種が済んで2、3カ月経ったころから、私は毎日倦怠感や疲労感を感じるようになりました。

普段はヨガをほぼ毎日やっているので、あまり疲労が蓄積することはないのですが、何か変だなと思っていたところ、突然38度台の発熱がありました。これがシェディングを受けて生じる症状なのだと初めて気づきました。それでも、ヨガや丹田呼吸、手作り酵素を続けているせいか2日間ほどで回復しました。

しかし、２０２２年5月に新型コロナウイルスに感染しました。それは、職場で3回目の接種が行われて2、3カ月経ったころです。幸い数日、微熱が出たくらいで回復しました。おそらく同僚から毎日シェディングを受けていたことで、免疫力が低下し、感染しやすくなっていたのだろうと思います。

夏になると、さらに4回目の接種を受ける同僚が増えだしました。そして8月下旬に入ったころ、突然腕の内側にじん麻疹のような症状が出はじめました。抗生物質を服用したところ、いったんじん麻疹は消えましたが、再び前より多く出るようになりました。

仕方なくステロイド軟こうを塗ると、治るどころか足にも腹部にも背中にもじん麻疹が出てきて、ついに丸い斑点のような膨疹が10㎝大にまで広がり驚きました。しかも、厚みのある腫れた浮腫のような部分も現れました。痒みも強くなり、体も火照るように熱く、微熱もありました。

何かの感染症だろうと思い、病院で血液検査したところ、ダニやカビなどの抗原は発見されず、原因はわからないと診断されました。それで、これはワクチン接種した同僚からのシェディングによるものかもしれないと思いました。

そのとき、以前聞いた話を思い出し、手作り酵素と原始ソマチッド珪素で湿布シートを作り、腕、足、腹、背中に湿布しました。乾かないように湿布シートの上にラップをあて

**シェディングによると思われる全身のじん麻疹**

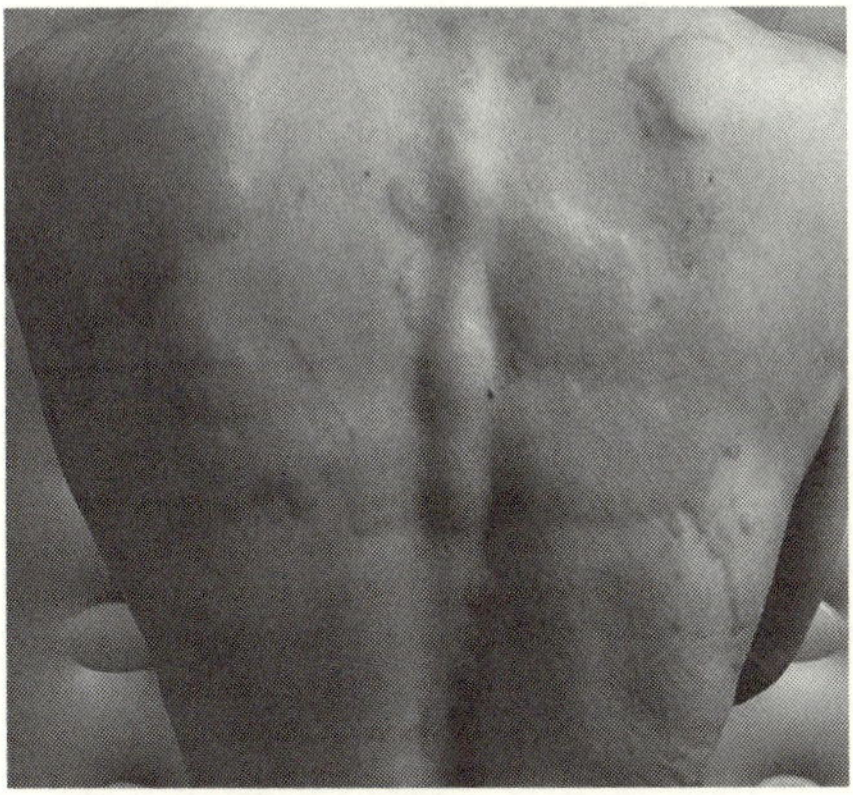

背中

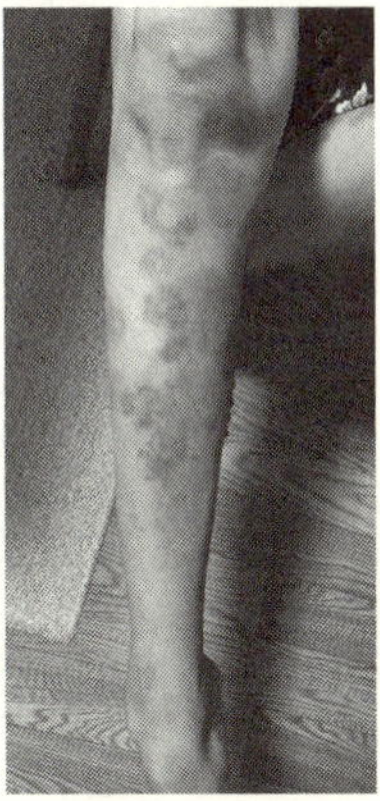

右脚　膝下

**手作り酵素と原始ソマチッド珪素の湿布により2日間できれいに**

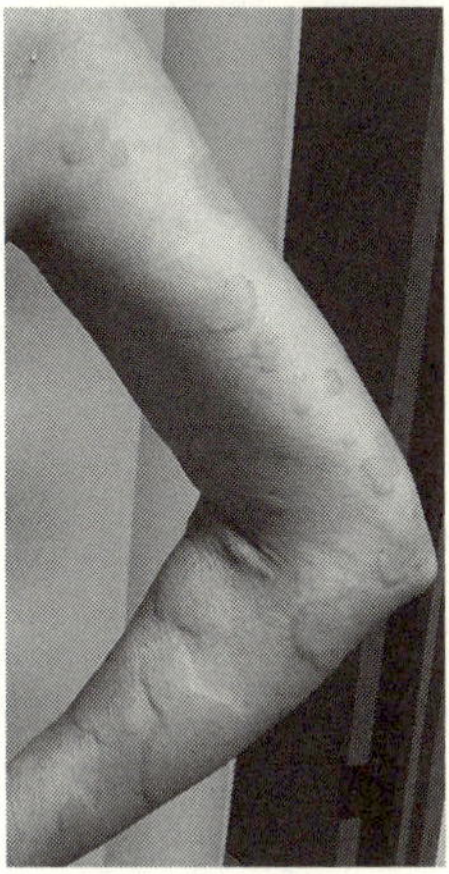

右腕　後ろ側

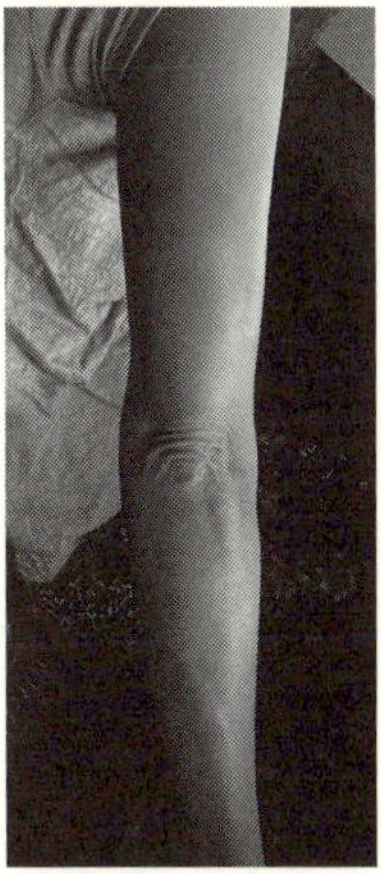

右腕　後ろ側

がって一日中グルグル巻きにしておきました。

変化はすぐに起こりました。痒みがすぐに引き、楽になりました。結局、2日間で腕の浮腫は完全に消え、きれいになりました。さらに4日目からは、手作り酵素と原始ソマチッド珪素を溶かした水を多く飲むようにしました。

かなり症状がおさまったので、6日目は出社しました。ところが、再びシェディングを受けてしまったようで、朝方3時ころに痒みと痛みで目が覚めると顔面と頭皮が腫れ上がっていました。朝起きると耳、首筋、リンパ辺り、膝下、足首、足の甲、肘から上、手首、手の甲、手の平、唇も赤く腫れ上がっていました。

そこで7日目の夕方からＭＯＲＩ ＡＩＲを濃く噴霧し続けて寝ました。お蔭様で数日後には全身のじん麻疹は消えました」

### 松井一口メモ

新型コロナウイルスが侵入すると、まずマクロファージや好中球などの免疫細胞がウイルスと戦い、感染を防ぎます。ところが免疫力が低下していると、ウイルスが勝って感染し、3日目ころから症状が出ます。

一方、シェディングを受ける環境に居続けると、スパイクタンパクを吸引してしまうと考えられます。１００ナノの大きさの新型コロナウイルスに対して、スパイクタンパクはその10分の1の大きさ（10ナノ）で、重さはコロナウイルスの１０００分の1です。あまりに小さく軽いため、シェディングを受けると、スパイクタンパクはいきなり肺まで入り込んでしまうと考えられます。その後、肺から血液に入ったスパイクタンパクは血液の流れに乗り、全身に巡っていきます。そして、血管の内皮壁に次から次へと突き刺さって（合体して）いきます。

血管の中でもっとも細い毛細血管の内壁にスパイクタンパクが突き刺さると、末端皮膚の血液の流れが悪くなり滞るため、皮膚が腫れたり、炎症を起こしたりします。軽い場合は赤らみ湿疹のような症状が続きますが、ひどい場合はじん麻疹のような浮腫の症状となり、痒みと痛みが続きます。長期化すれば、酸素や栄養素が届かなくなった皮膚細胞は死んでしまって皮膚がカサカサになります。

そこで、「原始ソマチッド珪素」のパウダーと野草酵素液を混ぜてパックにして湿布したり、ヒノキ水の入浴と手作り酵素を毎日続けたりしていたところ、日に日に状態が変化し、すっかり落ち着いたという情報も届いています。

## 5 アトピー

アトピーについても、さまざまな情報が届いていますが、ここでは2つの情報を取り上げてみます。

一つ目は、小6のお孫さん（娘さん）のアトピー性皮膚炎がきれいに解消したという女性からのものです。

「孫娘は幼児期からアトピーで苦しんできました。小児科でのステロイド軟こうで一時的にはおさまりましたが、続けることで慢性化し、ますますひどくなりました。じつは、松井先生の受験対策親子セミナーに参加したことがきっかけで、アトピーの原因である腸の腐敗を改善することが大事だと知り、肉や揚げ物、スナック菓子を極力控え、手作り酵素を多く飲ませました。

さらに、樹齢数百年の木曽ヒノキから抽出したという木曽ヒノキ水を1000倍希釈してお風呂に入れ、毎日入浴しました。すると、しだいに孫娘の痒みがおさまってきて、カサカサのアトピー肌が日に日に解消し、1カ月できれいな肌に回復しました。おかげで集中力もつき、ミミテック音読学習で成績も2カ月間で学年トップになり、夢と思われていた中高一貫校へ合格できました。

木曽ヒノキ水のお風呂効果は私の肌にも良かったらしく、顔と全身の肌がきめ細やかなスベスベ肌になりました。手作り酵素は1日3回食後に飲用していますが、便秘も解消しました。孫娘も私も腸がきれいになったのでしょう」

**松井一口メモ**

民有林に植林した樹齢数十年のヒノキから抽出したヒノキ水と比べると、伊勢神宮建て替えに使う樹齢500年前後の国有林の木曽ヒノキから抽出した木曽ヒノキ水には、はるかに強いフィトンチッドパワーによる殺菌能力があることがわかっています。

しかも、先に掲載しました木曽ヒノキ水の写真を見てもわかるように、驚くほど大量の原始ソマチッドが入っています。優良な現代ソマチッドも、民有林のヒノキ水に比べてかなり大量に含まれています。

この木曽ヒノキ水は、見た目は完璧に無色透明ですが、位相差顕微鏡で多角的に光を当てて映し出すと透明な原始ソマチッドが黒く映し出されます。踊るように躍動し生命活動をしています。

入浴中に、100万分の1ミリ前後の大きさである原始ソマチッドが肌の皮膚細胞に直接浸透します。そして、皮膚細胞内のミトコンドリアに原始ソマチッドが大量の電子を供給することでミトコンドリアが活性化し、細胞内に溜まった医薬品や合成界面活性剤、体に不要なさまざまな毒素を排出（解毒）します。

その結果、アトピー症状も解消していくのだと考えられます。

もう一つは、30年以上全身のアトピー症状で苦しんできた60歳の女性からの情報です。「長年、アトピーで苦しんできました。ステロイド治療は一時的に症状を抑えるだけで、使い続けることでさらに悪化し、根本的な治療とは真逆なことがわかったので、ずいぶん前に止めました。しかし、いっこうに治る気配はなく、とうとう全身にまで広がってしまいました。

そんなとき、都城市で行われた『手作り酵素と健康食セミナー』で講師の松井先生に出会いました。セミナーで知ったことは、アトピーは病気ではなく、長年体内に蓄積された化学物質を排毒する代謝活動であり、体内に蓄積した毒を出し切ることが大事だということです。ただし、高齢になると、毒出しには3カ月以上かかるということです。

さっそく5月10日から「原始ソマチッド珪素」のパウダーと手作り野草酵素を混ぜ合わせてガーゼに伸ばし湿布シートを作って患部に貼り、その上を綿布で覆いました。それを夜寝る前に行い、朝にはがしました。特に手の甲、腕、腹部には毎晩貼って寝ましたが、ありがたいことに徐々に症状が解消してきました。

1カ月後の6月9日に突然、38度台の熱が出て驚きましたが、そのまま続けていると1日で37度台に下がり、その後は少しずつ下がり続け、7月27日に平熱の36・8度に回復しました。

顔には毎日、基礎化粧水代りに昆布を発酵させた酵素「海の精」を使い、殺菌と肌の栄養にしました。顔のアトピーがひどい日には、体の患部と同様に「原始ソマチッド珪素」のパウダーと野草酵素で作った湿布シートをお風呂後、顔にパックするように朝まで貼っていました。

お風呂には木曾ヒノキ水を1000倍希釈して入れて、毎日入っていました。

これらを続けていると、最初に顔のアトピーがなくなり、続けて肌がきれいになりました。体全体のひどいアトピーも徐々に元の肌に回復しました。それからちょうど3カ月経ちますが、そのまま良い状態が続いています」

## 6 大火傷

一般に大火傷した部位は治ってもケロイド状の肌が残りますが、「原始ソマチッド珪素」のパウダーと手作り酵素原液を混ぜ合わせ作った湿布シートを1日中貼り続けていると、痛みがすぐにとれ、皮膚がケロイド肌にならずに短期間できれいな肌に再生したという情報も届いています。

これは、火傷跡の皮膚細胞に浸透した原始ソマチッドが破壊された皮膚細胞のタンパク質を分解し、本来のタンパク質の遺伝情報によって皮膚細胞を再生させているからだと思われます。

さらに、手作り酵素原液に含まれる酵素や補酵素（ミネラル、ビタミン）、アミノ酸などが皮膚細胞に浸透し、細胞内のミトコンドリアを活性化させることで、細胞の再生をスピードアップさせていることも関係していると思われます。

写真は、大火傷の手と手首が1カ月できれいになった女性のものと、腕の酷い火傷が10日間ほどで元の状態に戻った36歳の男性のものです。

**①カレー鍋がひっくり返り、大火傷の手と手首が１カ月できれいになった！** 26歳女性

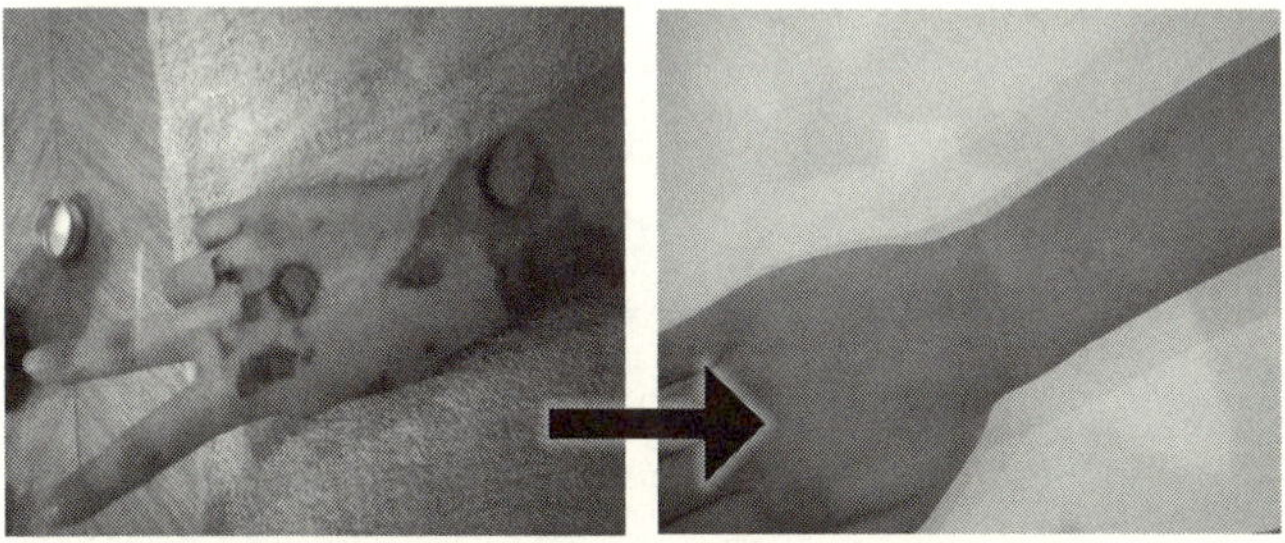

大火傷時　　１カ月後

**②ひどい腕の火傷が10日間で元の状態に！** 26歳女性

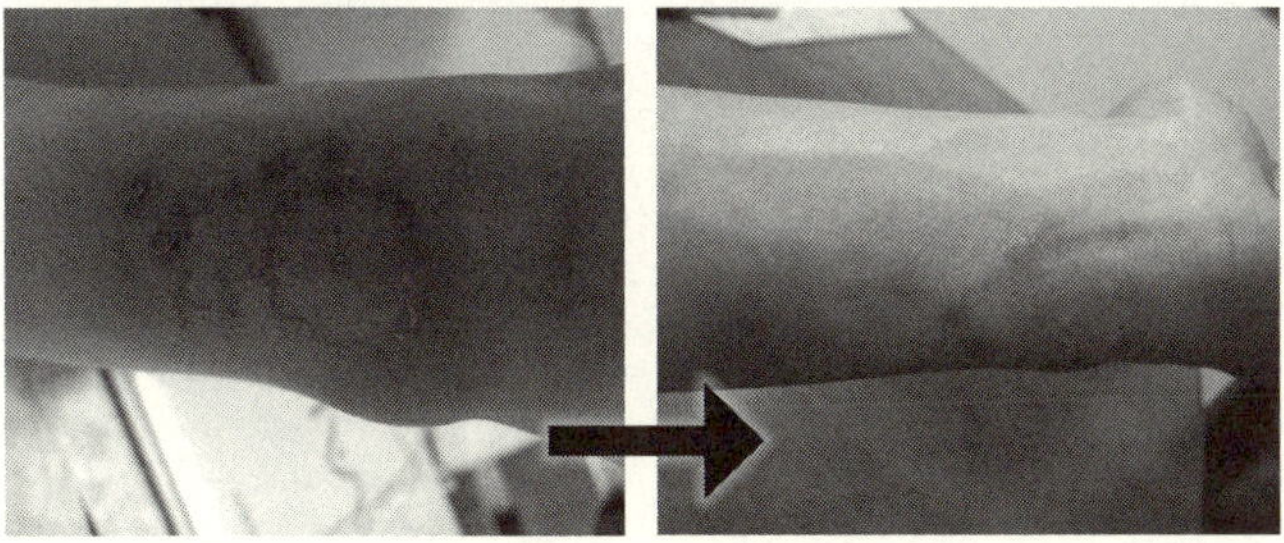

火傷した直後、腕の皮膚が剝けている　　10日後きれいに再生した

## 7 顔のシミ、クスミ

加齢とともに現れるシミ、クスミなどは、多くの女性にとって悩みの種です。ファンデーションで隠して見えないようにしていることが多いでしょうが、できることならシミ、クスミを根本から除去し、若々しいきれいなスベスベ顔にしたいと願っていることでしょう。

原始ソマチッドには、それを可能する働きも期待できます。そのための具体的な方法の一つが、野草酵素原液と原始ソマチッド珪素のパウダーを混ぜ合わせて顔パックすることです。

お風呂上りに30分以上毎日、これを続けることと、その間は乾燥させないことが秘訣です。実際に試してみた全国の女性のミミテック会員や男性のミミテック会員からも、たくさん情報が届いています。

「あきらめていた顔のシミが消え、周囲が驚いています！」

「シミ以外にクスミも消え、透明感のある顔になって嬉しい！」

「シミ、ソバカスも消え、若々しい顔肌になった！」

「顔、肌からヌルヌルや色の濃い毒素が出てきれいな肌になった！」

### 8 ニキビ

青春のシンボルのニキビは、子ども本人にとっては大きな悩みです。吹き出ものやおできも子ども時代にはよくあることですが、もともと子どもは代謝力が高いので、原始ソマチッドの働きによって解消するのも早いです。

私の元にある情報から、中学2年の息子さんのニキビに関して、お母さんから寄せられたものを取り上げてみます。

「中学生の息子にとって、ずっと続いている顔のニキビは最大の悩みでした。原始ソマチッドについて知ってから、原始ソマチッド珪素のパウダーと手作り酵素原液を混ぜ合わせ、風呂上りに息子の顔に厚く塗ってみました（顔パック）。

それを2日間続けたところでニキビが解消しました。その後、手作り酵素を毎食後に飲み続けていると、腸がきれいになったせいかニキビは再発しなくなりました」

### 9 打撲、捻挫、筋肉痛、関節痛、神経の痛み

「原始ソマチッド珪素」と野草酵素原液を混ぜて一晩中湿布したり、終日湿布したりしていると、それまで諦めていたいろんな体の不調が解消したという情報もたくさん寄せられ

ています。

「自転車で転倒したときのひどい打撲と腫れが早く消えた！」

「重い物が足の親指に落ち、パンパンに腫れていたが、一晩で元に戻った！」

「捻挫、筋肉痛、関節痛の解消が早まった！」

「骨折手術後の治りが早くなった！」

「切り傷の痛みが消え、傷口が早くきれいに治った！」

## ⑩歯周病

歯が抜ける最大の原因が歯周病です。２０１１年から日本人の死亡原因の第３位が肺炎になりました。その肺炎の主要な原因の一つが歯周病にあることもわかってきました。

歯周病が進行すると歯がぐらつき抜けやすくなります。また、歯周病が進行した歯茎から肺炎菌や細菌、歯周病菌、カビ菌、ウイルスが血管に入ることで、肺炎を引き起こすこともあるといわれます。

しっかり歯の表面を磨いても、日本人の９割は歯周病になるといわれますが、なぜそれほど多いのでしょうか。虫歯菌は空気が好きな好気性なので、空気に触れる歯の表面にいます。ところが歯周病菌は、虫歯菌と違って空気が嫌いな嫌気性です。そのため歯周病菌は歯と歯肉のすき間（歯周ポケット）に棲みついています。

昼間は唾液の酸と口内常在菌によって虫歯菌も歯周病菌も暴れませんが、唾液が分泌されない睡眠中に暴れるために虫歯と歯周病が進行します。

朝起きたとき、口内がネバネバ状態になっているとしたら、歯周病が進行していることも関係していると思われます。そこで私は歯周病対策として、森の香り精油で作った「お口除菌・消臭植物エキス濃縮液」と「原始ソマチッド珪素」のパウダーを混ぜ合わせて「マイはみがき剤」を作り、それをブラシにつけて就寝直前の歯磨きを行っています。

ブラシは、斜め45度に傾むけて歯周ポケットに当て、ゆっくりすり込みます。すると森の香り精油のフィトンチッドパワーで、歯周ポケット内の歯周病菌

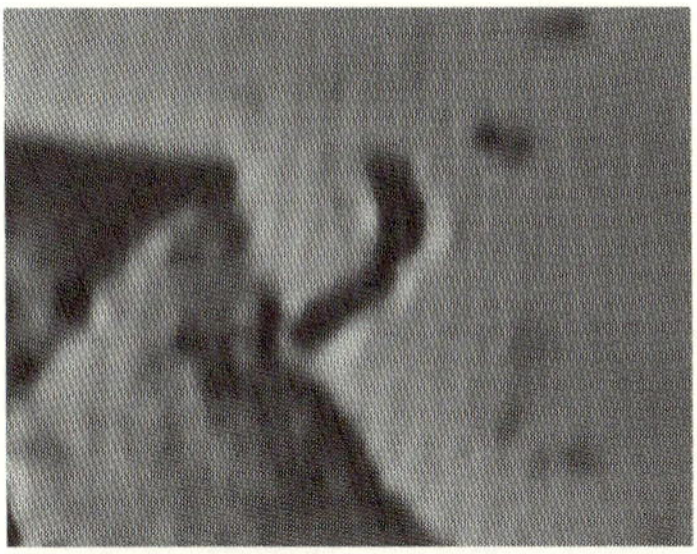

お口除菌・消臭植物エキス添加で歯周病が死滅して活動が止まった状態（中央の細長い菌）

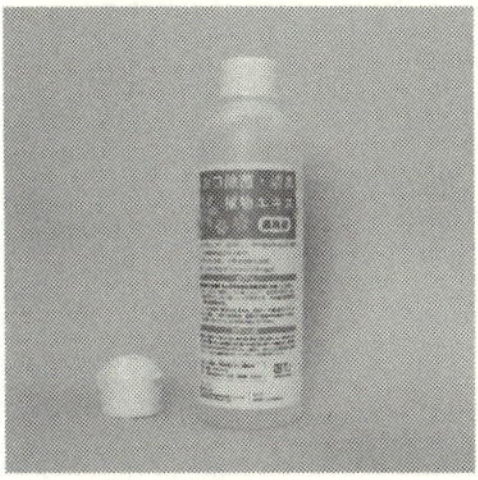

お口除菌・消臭植物エキス（ホームケア用）

だけでなく、虫歯菌も死んでしまうことが期待できます。

さらに、原始ソマチッドが歯周病菌に犯されて腫れている歯茎細胞に浸透することで、本来の歯茎細胞へ回復することも期待できます。まさしく歯医者要らずの画期的なお口ホームケアです。私の元にも全国から、

「歯周病の歯茎の腫れが短期間で再生した！」

「歯周ポケットが検診の都度改善するようになった！」

「虫歯の進行が止まった！」

「虫歯予防になった！」

などの情報が寄せられています。

## ⑪各種難病

22年前（2002年）に手作り酵素開発者である河村文雄会長に出会い、私も手作り酵素作りと普及をはじめました。

河村会長の十勝均整社（北海道帯広市）は手作り酵素の開発元であるとともに東洋医学の治療院でもあり、全国から難病をかかえる方たちが来院しています。

２０１７年になって、河村会長から「日高山脈中で採掘した石英斑岩のパウダー（当時、『大地の精』の名称）と、手作り酵素を組み合わせることで現代医学では治らない難病が治癒する奇跡が起きている」という連絡が入りました。「その正体は、松井さんが毎回ミミテック通信で記述しているソマチッドの働きではないか。調べてほしい」という要請でした。

そこで私は先述した波多野氏とともに、この石英斑岩パウダーを位相差顕微鏡で調べてみました。すると驚くことに、ＭＯＲＩ ＡＩＲの専用精油に匹敵する超大量の原始ソマチッドが存在していることがわかったのです。

２０１８年7月10日、北海道帯広市にある手作り酵素の開発元「十勝均整社」で関係者37名が集まってセミナーを開催しましたが、なんと参加者の3分の2の人たちには、幼児や赤ちゃんレベルに近い超大量のソマチッドが恒常的に存在していることがわかりました。

その場には、石英斑岩パウダー（大地の精）と野草酵素原液を混ぜて塗布することにより「切断した手首の神経が甦り、難病の筋萎縮症が解消した！」という浅沼さん夫婦も参加しておられました。

そこで、ご主人と奥様から直接伺った内容をまとめてみます。

浅沼正義さんは、12年前に工場のローラーに巻き込まれ、右手首を切断する寸前の大事

浅沼正義さん

故に遭遇しました。病院で手首を縫合し、接着はしましたが神経は全くつながりませんでした。手も指も全く動かず、感触もないまま8年が経過しました。

ところが、手づくり酵素の開発者である河村文雄会長のアドバイスで、野草酵素に大地の精（原始ソマチッド珪素）のパウダーを混ぜて手首に塗り、30分ほどで乾いたら洗い流すことを毎日1回ずつやり続けました。すると、徐々に神経細胞が再生してつながり、神経が回復して手首が動きだしたというのです。感触も甦ってきて3年で完全に回復したそうです。

これは、通常ではあり得ないことです。次頁の写真を見ると、ソマチッドが超大量に存在していることが確認できます。さらに1万倍にまで拡大した動画を見ると、超極小のソマチッドがかなり大量に存在し、躍動していることもわかりました。

以前から良質なソマチッドが大量に入っている手づくり酵素を毎日3回飲んでいたのと、原始ソマチッドが大量に含まれる大地の精（原始ソマチッド珪素）のパウダーを野草酵素に混ぜて毎日手首に塗っていたこと、さらに大地の精のパウダーを水に溶かして毎日飲み続けていたこと以外、理由は見当たらないとおっしゃっていました。

次は奥様の浅沼敏江さんの話です。ご本人は、仮死状態で生まれ、そのときの注射がもとで筋萎縮症になられたそうです。その後も注射を受け続けると筋肉がますます固くなり、足をひきずりながら歩く生活をしていました。

河村文雄会長のアドバイスで大地の精（原始ソマチッド珪素）のパウダーを手づくり野草酵素に混ぜて毎日、全身パックするようにしました。頭の地肌から足の爪先まで全身にパックをし、裸のまま2時間過ごした後、お風呂へそのまま入りました。

これを3年間、毎日続けていると、徐々に筋肉が復活し、歩く姿勢も良くなり、身長も伸びました。萎縮していた筋肉細胞が徐々に消え、正常細胞へ新陳代謝してしまったのだと思われます。

現在は、なんの不自由なく普通に生活し、仕事もできるようになりました。治ることがないといわれる難病の筋萎縮症から復活でき

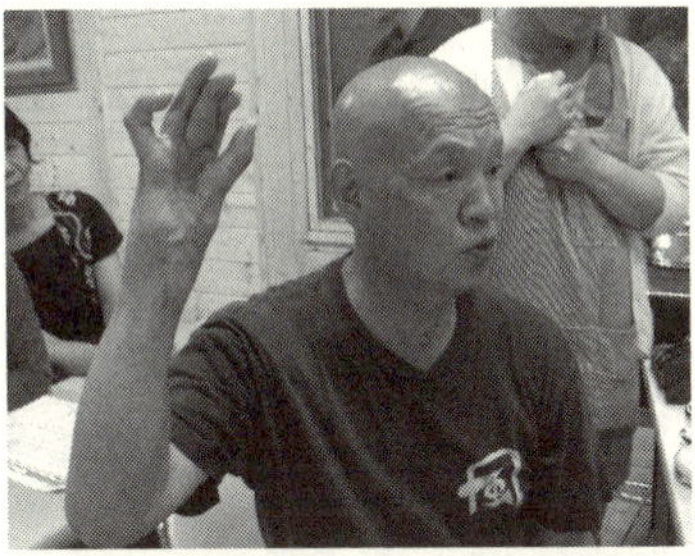

浅沼さんの手首

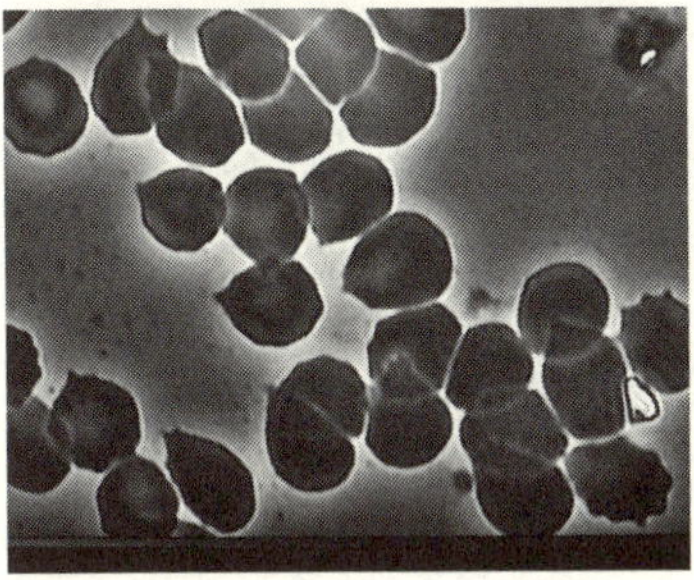

浅沼さんの血液写真

たのです。現代医学から見たら、まさに奇跡です。

奥様が全身パックをした後入浴したお風呂には、ご主人の正義さんも入っていたそうですが、正義さんの体調がすぐれないときは、翌朝浴槽を見るとお湯の濁りが強かったといいます。２人の体内に蓄積されていた薬などの化学物質や疲労物質が皮膚から排毒（デトックス）されたのではないかと思われます。

おそらく、野草酵素と大地の精（原始ソマチッド珪素）パウダーに大量に含まれる原始ソマチッドが皮膚から浸透し、皮下組織の細胞内のミトコンドリアを活性化させたことで、蓄積されていた毒素が排出されたのでしょう。

これは、木曾ヒノキ水の風呂に入った翌朝の浴槽の水にヌメリがあった（排泄された体内毒素のため）という報告とよく似ています。

浅沼さんご夫婦に起こったことは、現代医学で説明することは難しいでしょう。完全に失われた神経がどうして回復したのか、難病である筋萎縮症がどのように改善したのか。私は、これまで述べてきたように原始ソマチッドの働きによるのだと考えています。

いったん失われた神経細胞や筋肉細胞の遺伝子情報がどこかに保存されているからこそ、新たに神経細胞や筋肉細胞のＤＮＡを作ることができるはずです。その情報源こそ原始ソマチッドであると考えれば、ご夫婦に起こったことはうまく説明がつきます。

お二人とも必ず正常な身体に回復できると信じて、3年間やり続けました。「石の上にも3年」とはよく言ったものですが、その努力に応えて原始ソマチッドが素晴らしい結果をもたらしてくれたのだと思います。

# 2章 宇宙意識を持つソマチッドの特徴

## (1) 人体内(細胞内、血液中)でソマチッドが不活性になる要因

宇宙意識を持ち、自分の意志で活動するソマチッドがもっとも嫌うことは、化学物質に汚染された物理的環境や人体です。

それだけではありません。人体内に存在するソマチッドは心配、不安、恐れ、我慢などネガティブ

**①有毒な化学物質の体内蓄積**

農薬、医薬品、合成食品添加物、環境ホルモン、予防接種・ワクチンに含まれる有機水銀(メチロサール)や水酸化アルミニウム、有害金属(ヒ素、カドニウム、鉛……)、有害電磁波など

**②精神的ストレスやネガティブな感情**

我慢、不安、イライラ、恐怖心、悲しみ、怒りなど

**③肉体的ストレス**

過労、睡眠不足など

な感情による精神的ストレスや自己中心的な生き方（エゴ）も嫌いますし、過労による肉体的ストレスや化学物質も嫌います。

健康状態が悪化した血液を位相差顕微鏡で見ますと、ソマチッドは血漿中から赤血球や血小板内に避難している様子がわかります。逆に健康状態が良好な場合は、ソマチッドは血漿中に多く存在し、躍動しているのがわかります。

## (2) ソマチッドが活性化する言葉の実験

人体内のソマチッドがどのような要因で活性化するのかを解明するために、次のような実験をしてみました。

連日の過労と睡眠不足が続いたときに、しかも当日は朝から水分を摂らないで実験してみました。位相差顕微鏡で見た血液中の赤血球は連鎖状になり、血液はドロドロ状態でした。

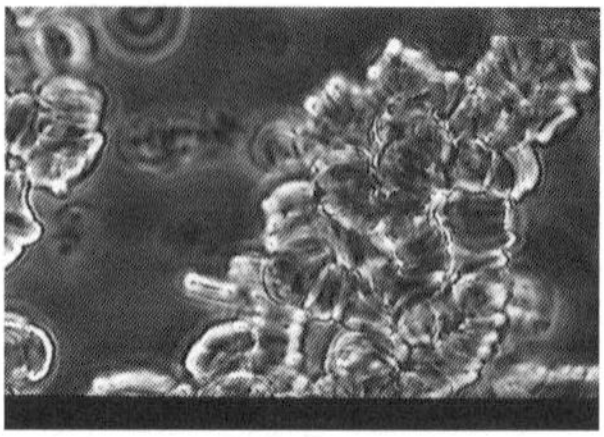

この状態で、「ありがとう、ありがとう、感謝、感謝…」などポジティブな言葉をくり返してアファメーションを５分間行いました。その結果、赤血球の連鎖がほとんどなくなり、血液はサラサラになり、ソマチッドがたくさん出現していました。

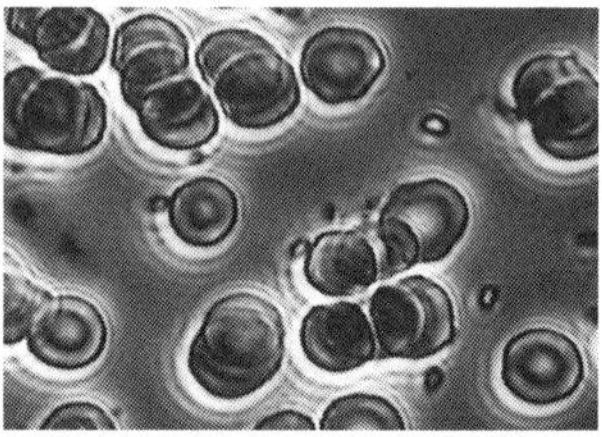

別の日に、今度はミミテックを用いて「般若心経」を読経（５分間）して変化を見る実験をしてみました。読経前の血液はやはり赤血球の連鎖状態でした。

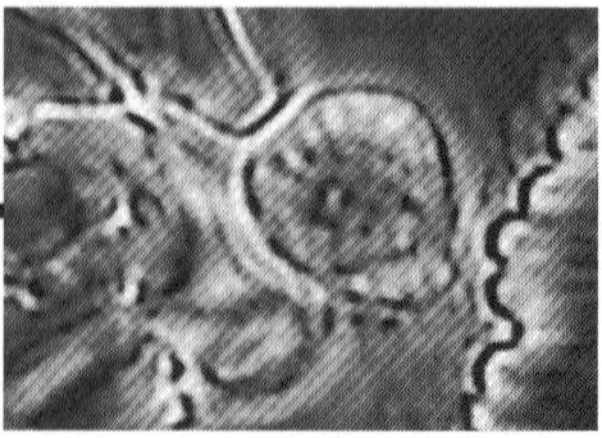

読経した後の結果は、赤血球はバラバラになり、サラサラの血液になりました。ソマチッドもかなり増加し、躍動していました。

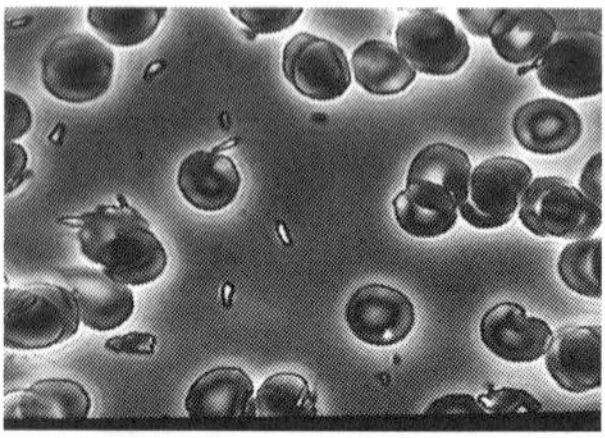

次の実験は、ミミテックを用いて「般若心経」を丹田発声で一音一音音読したあとに変化を見ました。結果は、ソマチッドがさらに大量に増加し、大躍動している様子を見ることができました。

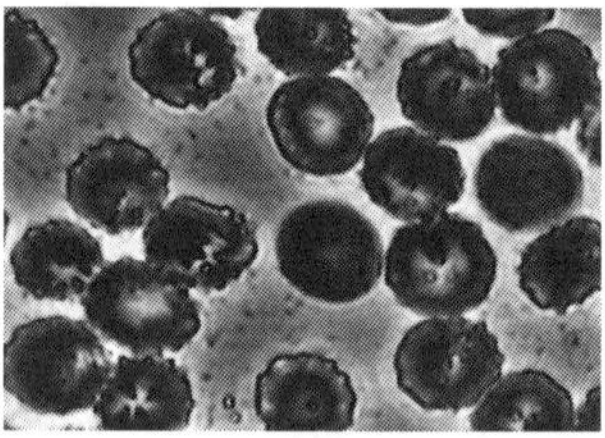

次は、ミミテック録音サウンド「般若心経の歌」を５分間、ヘッドホンで聴いたあとの変化を見る実験です。このサウンドは、ミミテック会員であるシンガーソングライターの澄川徹さん（歌手名・クオン）が９次元の光の天上世界から降りてきたメロディに合わせ「般若心経」の言葉を自らシンセサイザーで演奏しながら歌ったものです。聴く前の血液は連鎖状態になっています。

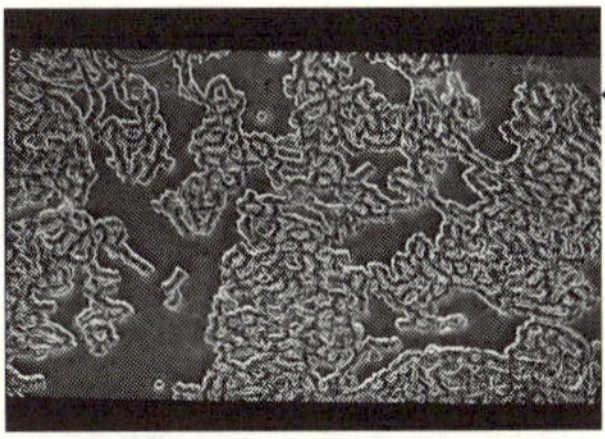

聴いたあとの血液は、赤血球がバラバラ状態でサラサラになり、ソマチッドが大量に出現していることがわかりました。しかも、まるで大喜びするように躍動していました。

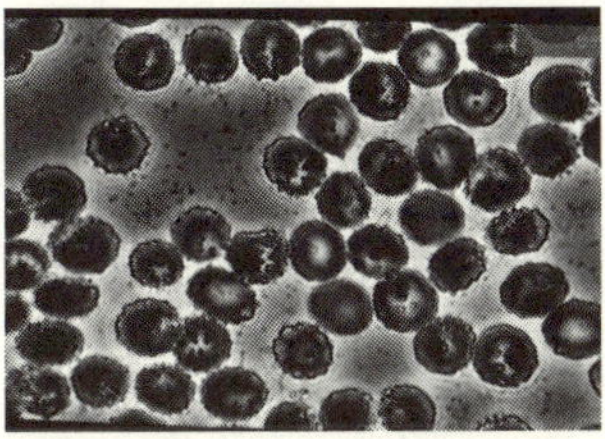

今度はその直後、ネガティブな言葉「バカヤロー、バカヤロー、コンチクショー、コンチクショー」を本気で5分間、叫び続けました。すると、位相差顕微鏡で見た血液は、赤血球がくっつき連鎖していました。その直前まで大量にいたソマチッドはどこかに消えて、少し残ったソマチッドも動きが止まり赤血球の表面にくっついていました。様子をうかがっているようでした。

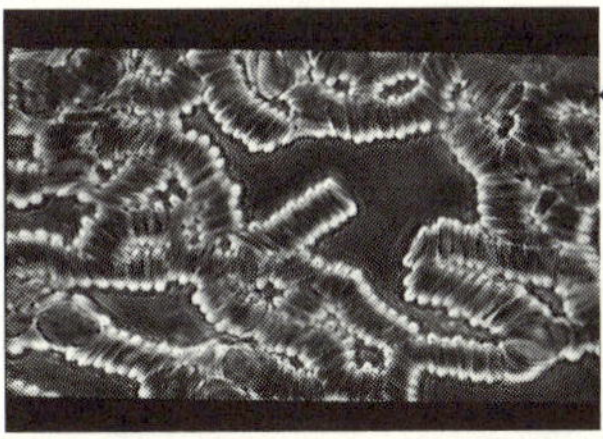

その次に、ミミテックを使って「我れ真我也（なり）、無限なる愛・英智・パワー」を丹田呼吸で一音一音発声するアファメーション（「ミミテック真我実現アファメーション」）を5分間くり返し、血液上の変化を見ました。やはり、赤血球がバラバラ状態でサラサラになっていることがわかりました。

ちなみに、この言葉は「私の本質は創造（宇宙）根源、すなわち神の一部であり無限な愛と創造エネルギーと英智が内在している」という宇宙意識を現しています。

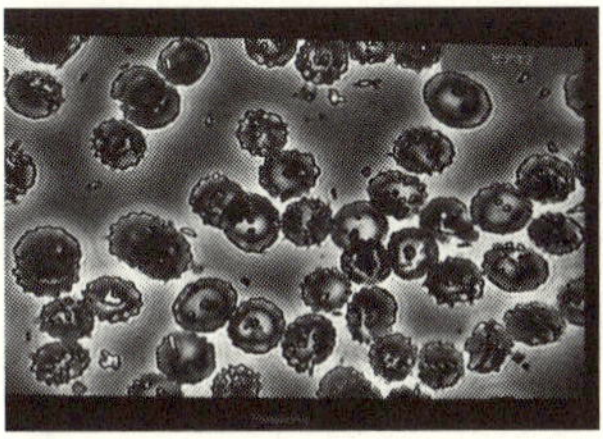

**①ポジティブな言霊パワー**

・ありがとう、感謝、素晴らしい、無条件の愛
・般若心経などの真言や宇宙的言葉
・「我れ真我也、無限なる愛・英智・パワー」(これは、ソマチッドがもっとも喜ぶ)

**②ポジティブな感情、無私の愛情**

・赤ちゃんのような純真無垢な心
・何にも束縛されない自由な心
・宇宙意識に基づいた信念の持ち主

**③気のエネルギーや宇宙(フォトン)エネルギー**

・気・丹田呼吸、気功、光・丹田呼吸、光・丹田発声によってとり入れる

**④ホルミシス効果(自然界の微量放射線)**

・ラジウム温泉、ラジウム岩盤浴、ラドン温泉など

**⑤その他**

・太陽光、遠赤外線、テラヘルツ波などを浴びる

表にソマチッドを活性化するものをまとめておきますので参考にしてください。

## (3)ソマチッドはどんな人に多いか

もっともソマチッドが体内に多いのは赤ちゃんです。次に幼児、子ども、青年と続きますが、年齢が低いほどソマチッドが大量に存在し、躍動している傾向があります。

また、超元気な人ほどソマチッドが多く、躍動しています。その他、次のような傾向のある人ほどソマチッドが多く、躍動していることがわかっています。

・魂に覚醒し、真我意識になっている
・不変な愛と強い信念を持っている
・大人でも赤ちゃんのように純真無垢の心を持っている
・体内に化学物質（医薬品、農薬、合成食品添加物、重金属など）が蓄積されていない

## (4)原始ソマチッドの最大の特徴は「宇宙意識」を持っていること

ソマチッドは自らの意志で働き、意識と感情を持った知性体です。しかも、不変な宇宙

意識を持った宇宙一小さい生命体です。ですから、宇宙意識で生きているほど原始ソマチッドは強く働くようです。逆に宇宙意識に反する生き方をしていると、ソマチッドの働きは低下し、逃げ出していくようです。

## (5) ソマチッドこそ生命の大元

現代科学（3次元科学）では、「生命体」とは遺伝子（DNAやRNA）を持った、タンパク質（炭素）成分からなる存在であると定義づけられています。

しかし、生命の大元であるソマチッドは、珪素成分で形成される遺伝子を持たない宇宙一小さい生命体です。

## (6) ソマチッドは宇宙的存在目的を持っている

ソマチッドがSLD（生命体をデザインする記号体）であると先述しましたが、この「SLD」は「Sign of Life Design」の略です（S・ign＝記号体、Life＝生命、Desi gn=設計)。私が命名しました。

地球（惑星）が太陽（恒星）から誕生するとき、太陽から生命体の遺伝子情報を介在するSLDが超大量に地球に入ったと考えられます。それはナノレベル（100万分の1ミリ前後）の大きさで、宇宙で最小の珪素宇宙意識生命体であると考えています。ただし、その中にDNAが存在していないため、現代科学が考える生命体ではありません。

しかも普通の生命体は炭素が主成分となっていますが、SLDは珪素から出来ていて、数千度の高温下でも、強力な放射線下でも死なず、生存し続けることができます。培養もできません。

それだけではありません。3次元の物質的領域と4次元の非物質的領域の間を行き来することができます。

この不思議な生命体が本書の主役である原始ソマチッドです。地球上では珪素鉱石の中に存在し続け、水に触れると水中へ飛び出して活動を開始し、その後、生命体をデザインする宇宙情報によって水素、酸素、窒素、炭素などからアミノ酸などを作ります。さらに、そのアミノ酸でDNAを作り、単細胞生物であるアメーバやバクテリアが誕生しました。

私はこれこそ、SLD（原始ソマチッド）による生命誕生の真実であると考えています。

ご存じのように、その後の進化の過程で、植物（下等植物から樹木へ）、動物（微生物から魚類、両生類、爬虫類、哺乳類、霊長類へ）、最終的には人間が誕生しますが、私たち人間も含めて、すべての生命体の中にはＳＬＤが存在し続けています。

体内において、そのＳＬＤの情報に従って細胞の死と再生がくり返されることで生命体は生き続けることができます。また、生命体内の細胞に異変が起こると、ＳＬＤの働きで本来の細胞に回復することもできます。

そもそもＳＬＤが持っている宇宙情報は、宇宙の意志に基づく働きをするため、もし私たち人間がその意志に反するような生き方をすると、ＳＬＤは自らの働きを止めたり、人間の中から逃げ出したりします。反対に宇宙の意志に即した生き方をしていると、より活発に働くようになります。本書でもっとも伝えたいことも、このことなのです。

# 3章　原始ソマチッドがもたらす無農薬農業革命！



## 化学肥料で土壌は力を失い、農薬汚染も進む

奇跡のりんごで有名な木村秋則さんは苦労に苦労を重ね、11年目にやっと無農薬りんご栽培に成功しました。その秘訣はＮＨＫテレビや数冊の著書でも紹介されているように、農薬、除草剤、肥料をいっさい使わない自然農法であり、大自然の土と同じ「土壌作り」にありました。

木村秋則さんが、農薬を散布するたびに寝込んでしまう奥さんのため無農薬・無肥料のりんご作りを決意したのは28歳ごろでした。ところがはじめてみると、周囲から全く理解されず、りんごも思うように育たず、収益のないまま６０００万円もの借金を抱えてしま

いました。

6年目を迎えた年の夏（1985年）の満月の夜、ついに首を吊って死のうと覚悟し、岩木山山中に入りました。そこで、無農薬無肥料の自然栽培のヒントを得ることになりました。

首を吊るためのロープを木の枝に放り上げますが、うまく枝にひっかからず落ちたロープを拾いに行った先に、葉がよく繁り見事な枝ぶりのりんごの木がありました。どうしてこんな山中に見事なりんごの木があるのだろうと不思議に思ったそうです。

翌日の昼間、改めてそのりんごの木を見に行ったところ、それはりんごの木ではなく、どんぐりの木でした。そこで木村さんが発見したことは、そのどんぐりの木には虫もついていなければ病気もありません。

なぜ、農薬も肥料も使わないのに、山の木はこんなに元気なのだろうと思って、ふと足元をみたところ、その周りには雑草がうっそうと生い茂り、地面は全く見えません。踏みしめると足が沈むほど柔らかく、フワッとした土です。掘ってみると手で簡単にすくい取れます。雑草を引っぱると、根っこ全体が軽い力でたやすく抜け、顔を近づけてみると山の土独特のツンとした香りが鼻をくすぐりました。「そうか、この土を作ればいいのか！」

と彼は気づきました。

それからは、その山に何度も通い、同じ土を作ることを目標に、それこそ猪突猛進の日々がはじまりました。そして5年後には、無農薬・無肥料のりんごを実らせることができたのです。

木村さんが発見した土壌作りには2大要素がありました。第1は、大量の微生物群が存在する土壌作りでした。戦後のわが国の農業は米国の農薬、除草剤、化学肥料漬けになり、土壌中の微生物の多くが死んでしまいました(10分の1以下に減少したともいわれます)。農業は害虫や雑草との戦いです。朝から夕方まで毎日手間のかかる農作業をしなければなりません。

私の父と母は、除草剤を全く使わず、農薬も使わないで多種類の野菜を大量に作っていました。梅雨時期、害虫で作物が全滅しそうになったときだけ、止むを得ず1回弱い農薬を使っていましたが、それでも基本は無農薬でした。雑草をむしり、虫も手で取り、ずい分手間のかかる農作業でした。

そうした努力をしながら、父母は日本一美味しい額田ナスを無農薬で栽培し、農協へ出荷していました。すいかは重さ15kg、糖度15で、スーパーでは絶対に見られない無農薬巨大すいかでした。

私は子どものときから、それが普通の野菜なのだと思い、食していました。ところが、しだいに近所の農家の様子が見えるようになると、市場に出すナスの栽培にはマスクをして毎週農薬を散布していました。散布農薬を吸い込みすぎてダルマのようにパンパンに体が張り、死亡した近所のおじさんもいました。

周囲の農家が農薬漬けのナスを農協へ出荷するなかで、父は無農薬ナスを出荷していました。その出荷価格は同じですから、知らないでナスを店頭で購入したお客様は幸せだったと思います。今になって思えば、もし無農薬野菜を扱う自然食のお店に卸せば、2倍も3倍も値がついたはずです。そんな無欲で良心的な父母でした。

農薬や化学肥料、除草剤などを使うほうが手間はかからないですし、きれいで形のそろった野菜や果物を作ることができます。その代わり、それを食べた人は健康を害し、ガンやさまざまな病気になるリスクが高くなります。しかも、ミネラルやビタミンなどさまざまな栄養素が少ないため、食べても免疫力や生命力を高めることは期待できません。

そのいちばんの原因は、土壌中でミネラルやビタミン、アミノ酸などを作り出す微生物が農薬や除草剤で減少したり死滅したりすることです。今の畑にはミミズももぐらもいません。

戦前までの畑は土壌微生物が1g中に数十億個いたともいわれますが、現在の畑はその10分の1以下しか存在していないでしょう。

そんな畑で育った、きれいな形のそろった野菜や果物をスーパーで購入して食べても、ミネラル、アミノ酸、酵素などの栄養素は極端に少なく、逆に大量の化学物質が体内に蓄積されていきます。そのことを知っている農家は自家用野菜には農薬は極力使いません。

農薬や化学肥料を使わねば見た目のいい作物が作れない、しかし害虫や病原菌から自分を守れない免疫力の低い作物になるため、さらに農薬や化学肥料を使う、その結果、免疫力や生命力の低い作物が出回る、そんな負の連鎖に陥っているのが現代農業の姿なのです。

人間自身も、石油化学合成による医薬品、食品添加物、農薬、そしてワクチンなどによって免疫力も生命力もどんどん低下しているのに、そんな野菜や果物をいくら食べても、たいして効果を期待できません。

現代社会は、そうしてすべてが負の連鎖状態に陥っています。

## これからの農業に必要なこと

木村秋則さんは、ＮＨＫテレビや著書の中で、小人の宇宙人と出会ったことや、ＵＦＯや龍が現れたことも紹介していますが、小人の宇宙人から気づかせてもらったのは、山奥の汚染されていない、大量の微生物が棲む土にりんご園の土を戻すことでした。これは、一言で言えば自然農法です。

そのために土壌微生物を増やすことが必要であることはかなり知られるようになりましたが、それに加えて、私が提唱しているのは土壌中に原始ソマチッドを増やすことです。

そのために、すぐに誰でも実践できる方法として、

①ＰＧＳ‐１０００の作物散布

②「原始ソマチッド珪素」パウダーを溶かした水の土への散布

の二つを組み合わせて行うことをすすめています。

## 【PGS-1000の毎週の作物散布】

ＰＧＳ－１０００とは、無農薬農業用成長促進と土壌改良のための植物散布液です。森の香り精油を無農薬農業用にブレンドしたもので、すでに開発されて30数年の歴史をもっています。すでに「有機ＪＡＳ認定土壌改良剤」に認定され、土壌中の病原菌や腐敗菌、有害カビ菌、有害ウイルスを殺し、害虫防除する一方、逆に有益菌を保護、増やす画期的な散布液です。５０００倍から３０００倍希釈で、毎週野菜や果物、土に散布します。

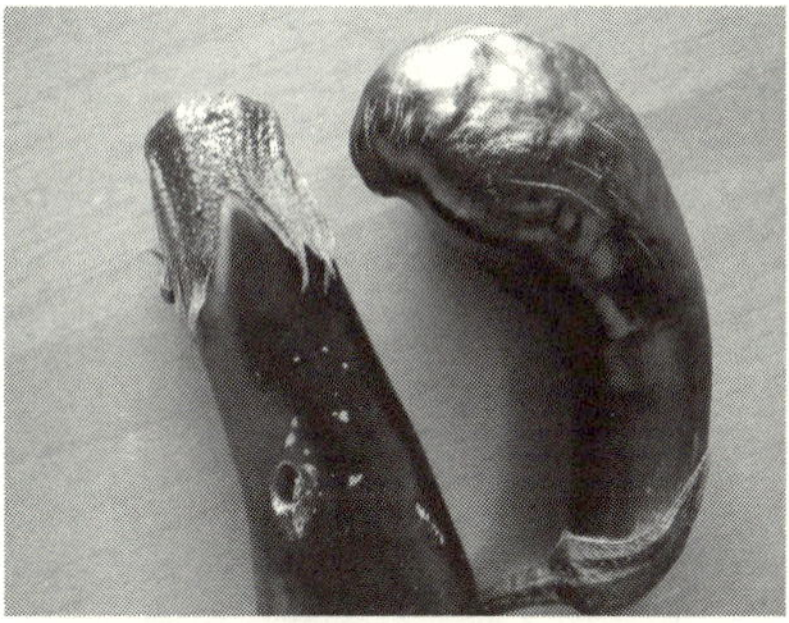

害虫にやられたナス

↓

PGS-1000の撒布後のナス

すでに全国のりんご園や米作農家、野菜栽培農家などで使用され、優良な作物栽培が実施されています。

私も、父が92歳まで営んでいた野菜作りにこのPGS－1000を毎週1回散布していました。6月の長雨と日照不足で大量発生した害虫にやられたナスに毎週PGS－1000を散布したところ、枯れはじめていたナスの木が蘇り、大きくてきれいな美味しいナスが11月末まで、たくさん収穫できました。近所の農家のナスは10月で終わっていました。

丹田ボイトレ教室を全国で行っている歌手のSatomiさんの母親である北川雅子さんが、家庭菜園でこのPGS－1000を散布したところ、1年目から、すいか（13kg）、ナス、キュウリ、イチジク、生姜が大きく実りました。2年目のすいかは、なんと15kg。若いときから野菜作りに努力し、数十年かけて野菜博士とまで言われるようになった私の父が育てたすいかと同じ15kgのものをたった1、2年で実現してしまいました。

## 【「原始ソマチッド珪素」のパウダー水の土への散布】

野菜や果物の根っこ周囲の土に、「原始ソマチッド珪素」のパウダー水を数リットル単位で散布します。また、「原始ソマチッド珪素」パウダーを溶かした水を飲用する際に下に沈殿した砂と水を観葉植物にかけ続けると、枯れかけていた観葉植物が蘇り、2倍にも3倍にも繁り続けるという情報も寄せられています。

パートⅡで紹介した綿貫幸夫さんからの情報にもあるように、たくさんの柚子を収穫できたり、畑の枯れたユキノシタが蘇って青々となったりしています。

2023年5月、私は標高500メートルの山の斜面に34本の本柚子の苗木を植えました。7月に入り、雨が降らない日照りが続いた際「原始ソマチッド珪素」のパウダーを溶かした水を1本の苗木につき根元に3リットル、3週にわたってかけました。

本柚子苗木の新芽

すると驚いたことに苗木の頭頂に新芽が出て、勢いよく成長しました。写真のとおりです。8月のお盆には台風7号がきましたが、苗木はしっかりと根を張っていたため、突風で倒れることはありませんでした。他に100余りの梅の苗木にも「原始ソマチッド珪素」のパウダー水をかけたところ、しっかり根づきました。

原始ソマチッド珪素のパウダー水を土にかけることで根っこから大量の原始ソマチッドを吸い上げ、免疫力と生命力が高ま

## 初年からスイカ、ナス、キュウリ、イチジク、生姜が大きく実った

**右：**北川雅子さんと２倍多く、大きく実ったイチジク。

**左：**ナスも大きく実り、たくさん収穫。

**下：**北川さんが初めて栽培した生姜。通常の２倍ほどの大きさの生姜をたくさん収穫できた。

**下段右・中央：**PGS-1000 を使って栽培して大きなキュウリがたくさん実った。すいかは重さ 13 ㎏の超Lサイズ。味も甘くて濃厚。

**下段左：**２年目のすいかは超特大の 15 ㎏。

ったのだと思われます。あわせて、PGS-1000の希釈液（500～3000倍）を毎週散布すると、土壌微生物が活性化して土壌の力が高まり、より大きな無農薬野菜、果物を数多く収穫できます。

北川雅子さんも、原始ソマチッド珪素のパウダー水を土にかけてすいか、キュウリ、イチジク、生姜を栽培しましたが、初年度から大きく実り驚かれました。

## 青森県南部町で体験した原始ソマチッド

2024年8月3日、青森県八戸市から車で1時間程の山間部に位置する三戸郡南部町で終日、ソマチッド体験セミナーを行いました。山間部で行うソマチッド体験セミナーは今回の南部町が全国で初めてでした。

南部鉄器や南部せんべい、江戸時代の南部藩で有名な町ですが、そこで長年、農薬や化学肥料を使わずに自然農法や有機農法での無農薬農業を大規模に営む50代から70代までのオーナーたちが集まりました。

収穫した野菜（人参、ナス、ブドウ、ニンニク、キュウリ、トマト、ジャガイモなど）

セミナー会場

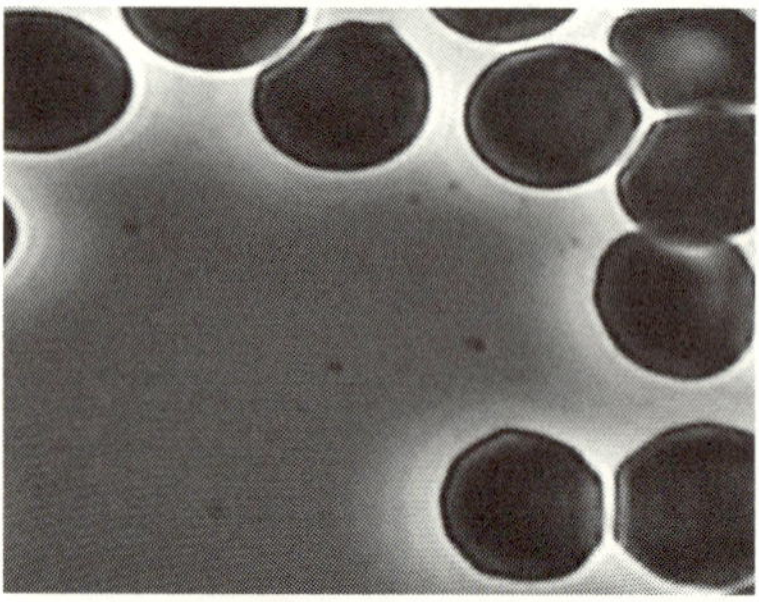

澤口和洋さんの血液。数百個もの極小のソマチッドが躍動

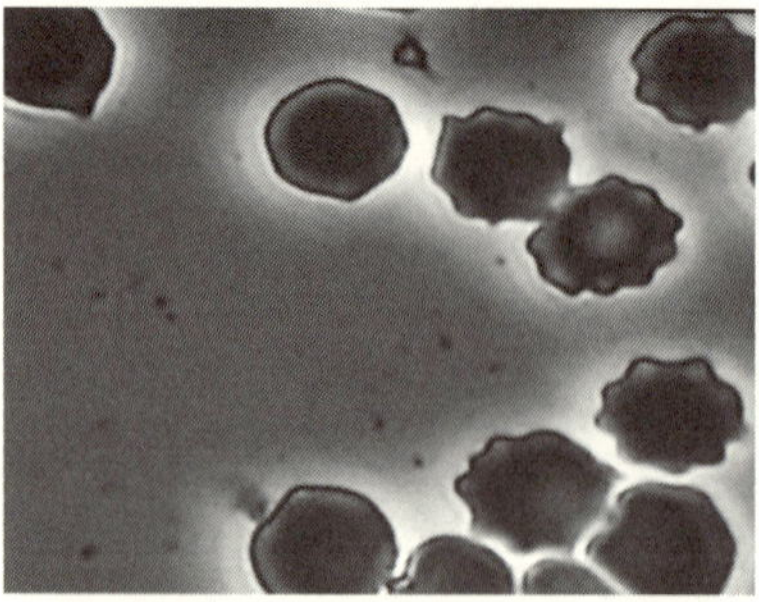

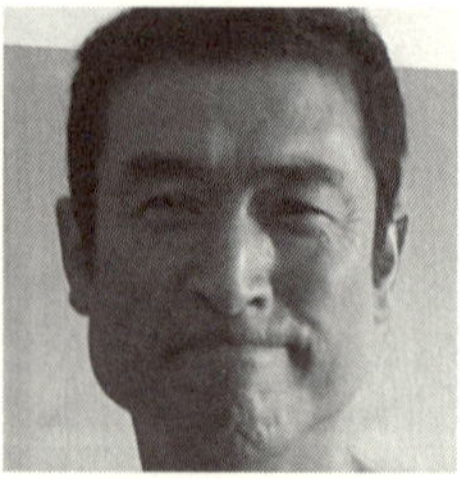

中野渡正光さんの血液。数百、数千個もの極小のソマチッドが躍動

## 位相差顕微鏡での写真

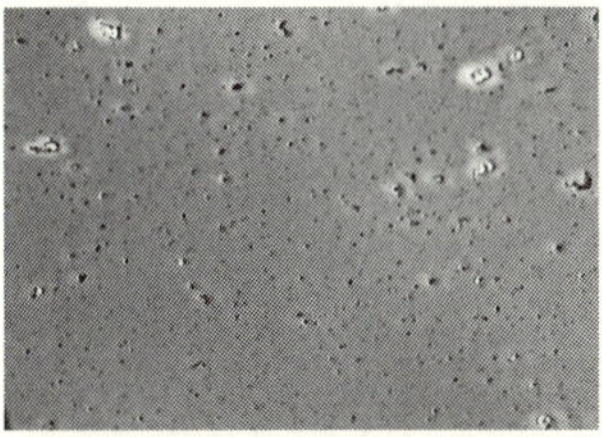
ナス

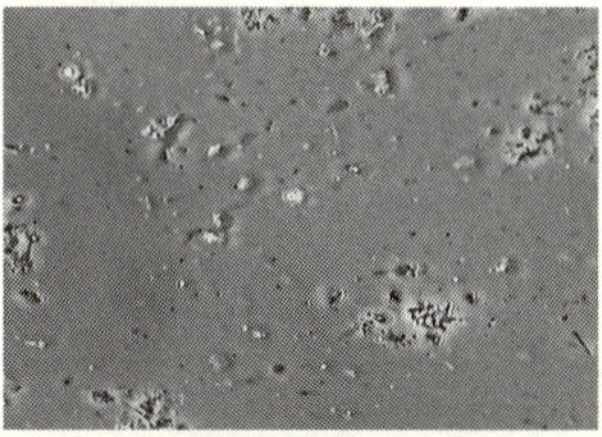
トマト

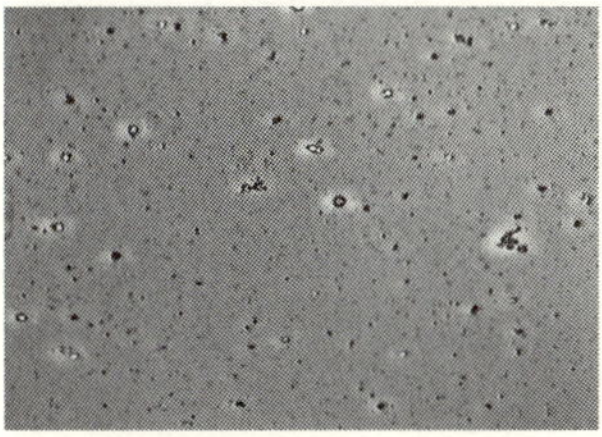
甘トウガラシ

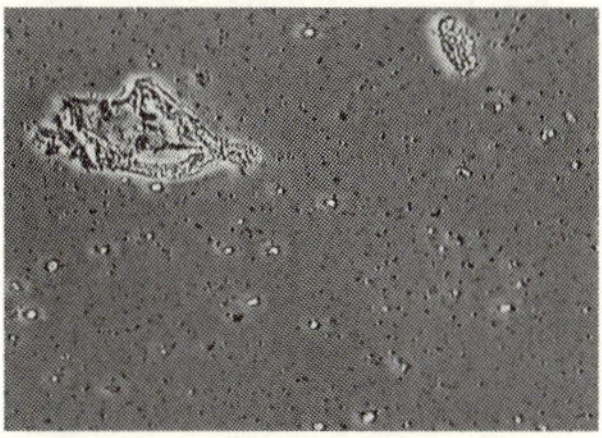
人参

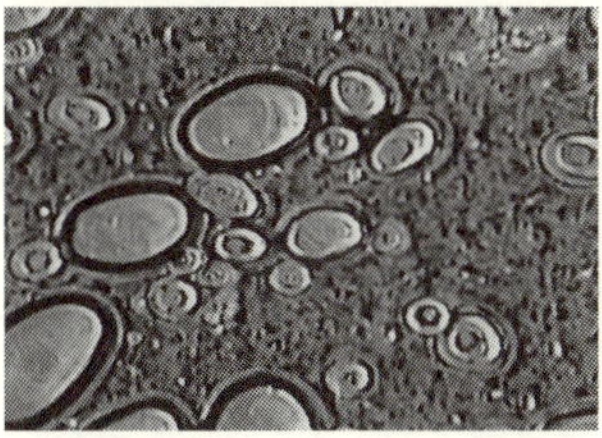
ジャガイモ

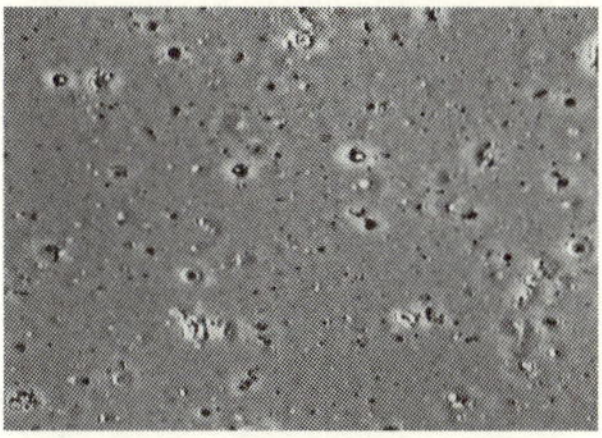
ブドウ

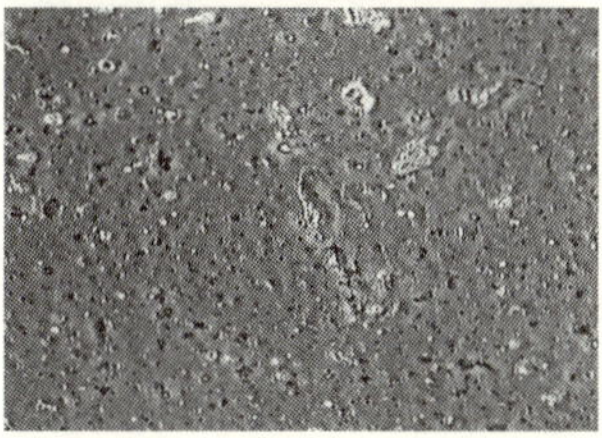
キュウリ

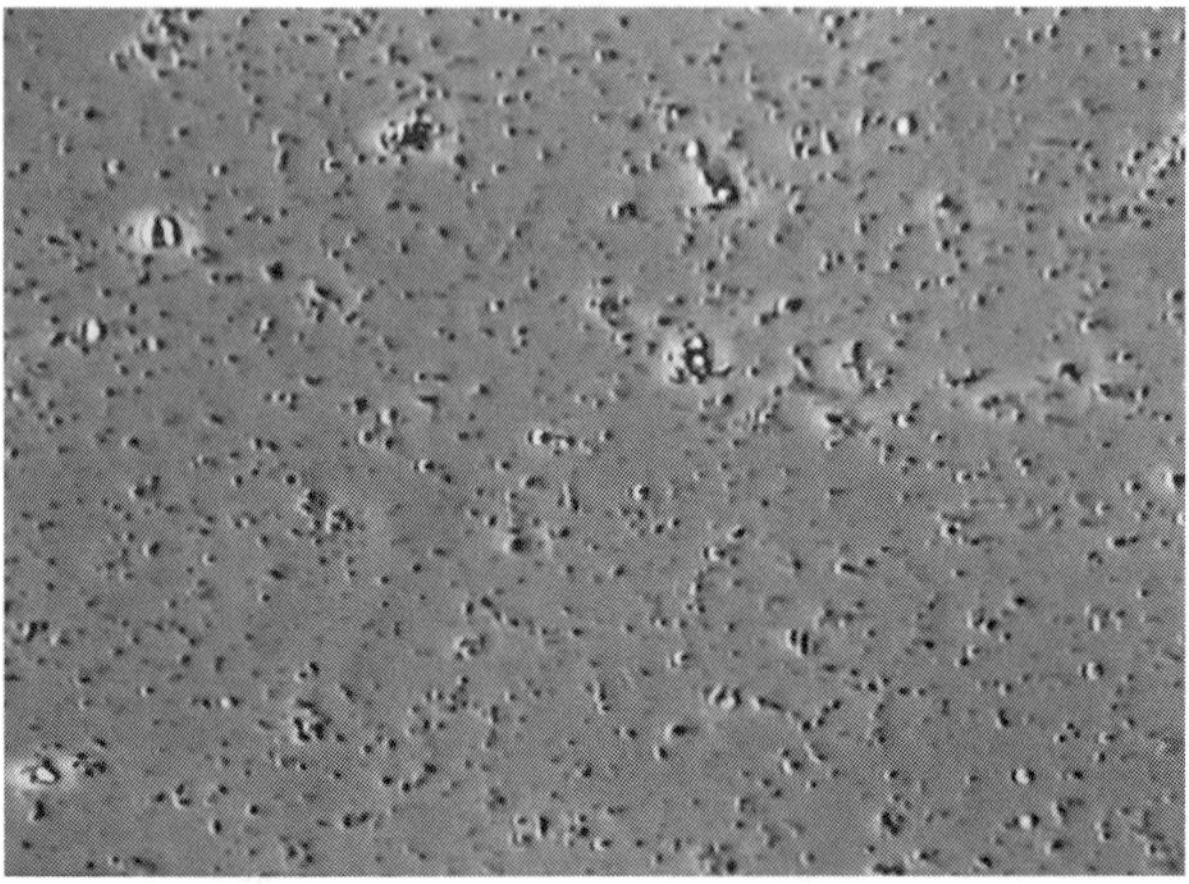

澤口農園の人参ジュース　位相差顕微鏡での写真

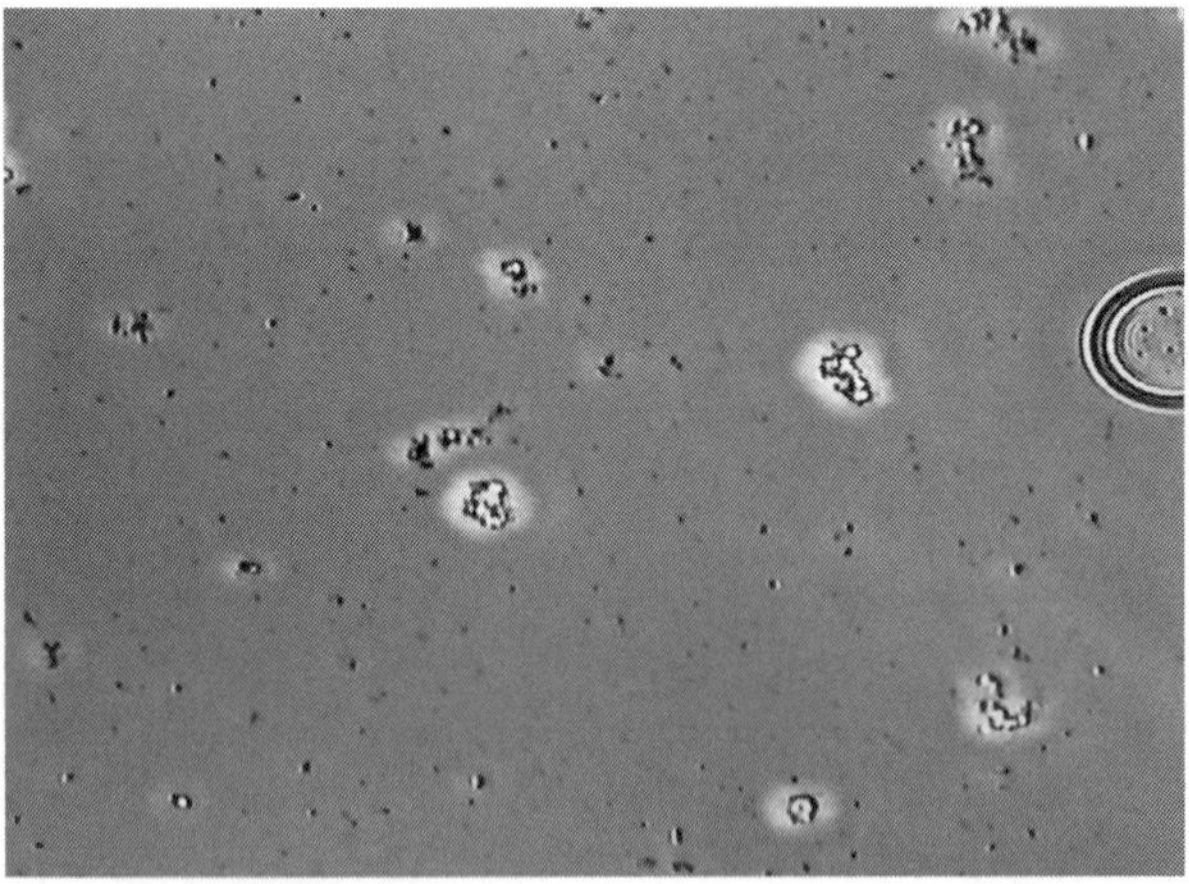

澤口農園のヤーコンジュース　位相差顕微鏡での写真

を持ち寄り、位相差顕微鏡で調べたところ、その一つひとつに驚くほど大量の原始ソマチッドが存在していることがわかりました。

さらに、これらの野菜で製造された人参ジュース、ヤーコンジュース、トマトジュースなどの商品も調べたところ、やはり超大量の原始ソマチッドが存在していました。

それ以上に驚いたことは、50代から70代の皆さんの血液中に、原始ソマチッドが赤ちゃんや幼児と同じレベルに大量に存在していることでした。日々、無農薬の野菜、果物、穀物を食しているからでしょう。

8年前から、全国の大都市12カ所で100回近くソマチッド体験セミナーを開催してきましたが、収穫物や参加者に、これほど大量の原始ソマチッドが存在していたセミナーは初めてで感動しました。

農薬と化学肥料で栽培された野菜にはソマチッドはわずかしか存在しません。また、たとえ無農薬栽培であっても、平野部での野菜には南部町の野菜レベルまではソマチッドは多く存在しません。それに比べ、「原始ソマチッド珪素」パウダーを溶かした水を散布していない南部町の野菜や果物になぜ、これほどの原始ソマチッドが超大量に含まれているのでしょうか。

## スーパーの野菜　位相差顕微鏡での写真

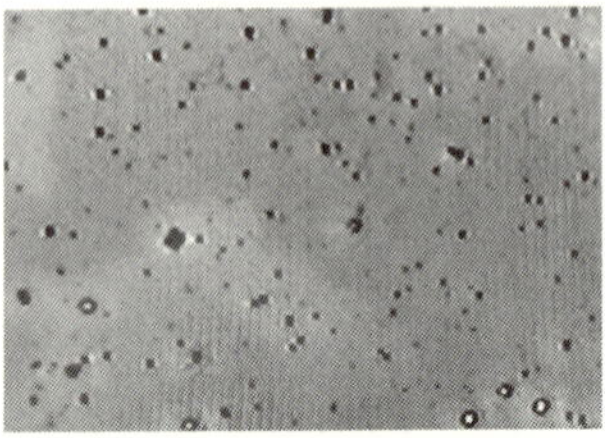
ナス

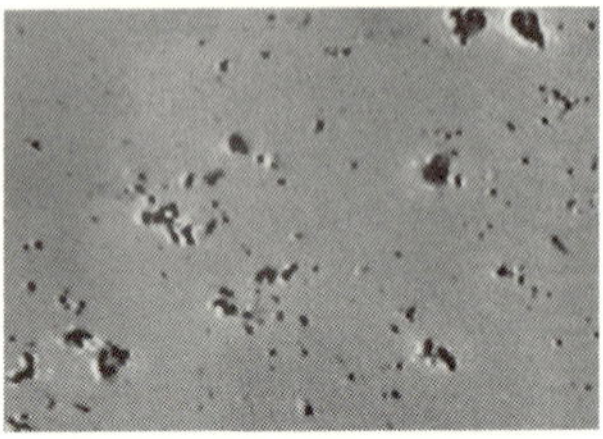
トマト

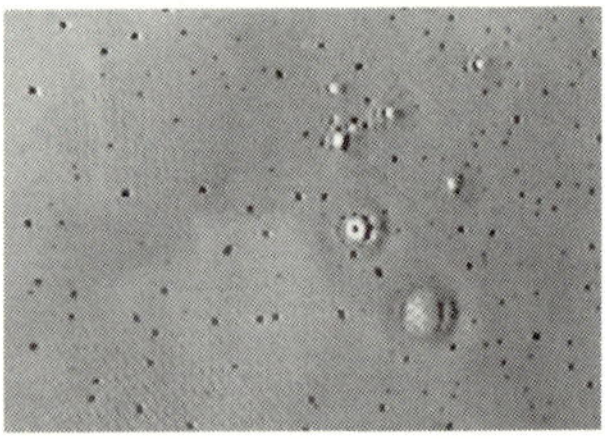
ジャガイモ

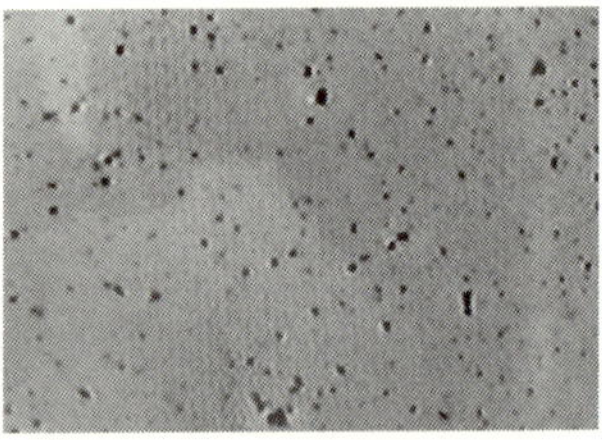
人参

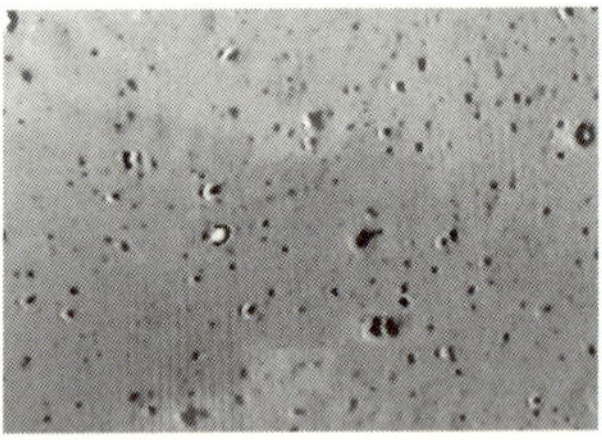
キュウリ

その理由は、南部町の土壌に秘密があったのです。同じ青森県内の山間部である岩木山の土壌で、先述した木村秋則さんが奇跡のりんご栽培を成功させたのも同じ理由だと思います。岩木山や八甲田山、十和田八幡平から北上山地の山系は、30数億年以上前にマグマが冷え固まって出来た火成岩（花崗岩など）で形成されています。その火成岩が粉々になって出来た土壌（砂地）や花崗岩に、原始ソマチッドが大量に存在していると考えられます。

そんな山間部の土壌で化学肥料や農薬を使わず栽培されたため、野菜や果物には大量の原始ソマチッドが存在しているのです。

私の父が92歳まで現役で米作りをしていた田んぼは愛知県三河地方の山間部の標高500m にあります。600m余りの山頂まで我が家所有の山です。その湧き水を溜めた貯水池から田んぼに清水を落とし、全国でもトップレベルである特Aの美味しい米を作っていました。おそらく原始ソマチッドが多い土壌だったので、美味しいその米を栽培できたのだと思います。

父は、妻の新潟の実家へその米を贈っていましたが、「新潟の米より美味しい！」と喜ばれ、食べすぎて太ってしまったと言われたそうです。

私の実家は同じ山系の集落の中ではもっとも高い場所（標高400m）に位置し、飲料水や食事に使う水は湧き水でした。畑の野菜も果物も同じ水で栽培していました。ナスもキュウリもすいかもどの野菜や果物も、スーパーで売られているものと比べて味の濃さや旨みに格段の差があることは、都会に住むようになって初めてわかりました。土壌微生物が産み出すミネラルやビタミン、アミノ酸などが豊富なことと、原始ソマチッドの存在も関係しているのでしょう。

南部町のセミナー参加者のほとんどは、本書で取り上げているMORI AIRや「原始ソマチッド珪素」のパウダー水を利用されているわけではありませんが、ほぼ全員に原始ソマチッドが大量に存在しているのは、原始ソマチッドを大量に含んだ野菜や果物、穀物を食べていること以外に考えられません。

## 原始ソマチッド入りの食品を食生活に取り込む工夫

愛媛県今治市に住む市川万里子さんは、仲間たちと共に無農薬栽培の材料をメインに使い、天然酵母のパン作りをして、地域の皆さんの健康な体づくりに貢献しています。私も、

**天然酵母パンと山崎製パンのソマチッドの違い**（試験：波多野昇）

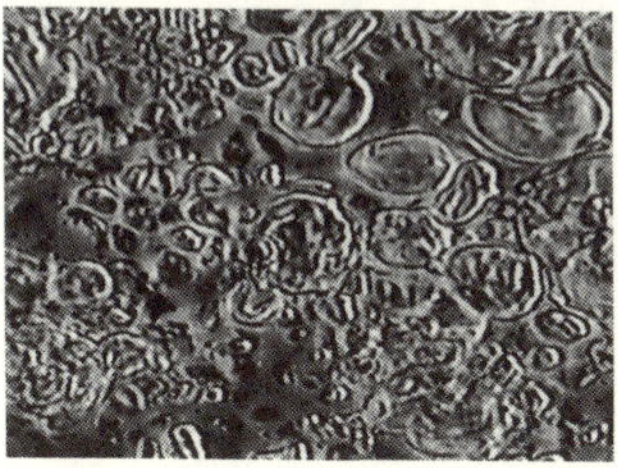

【山崎製パン（デニッシュブレッド）】
現代ソマチッドの存在はわずかに認められるものの、動きはほとんどない。
（位相差顕微鏡4000倍）

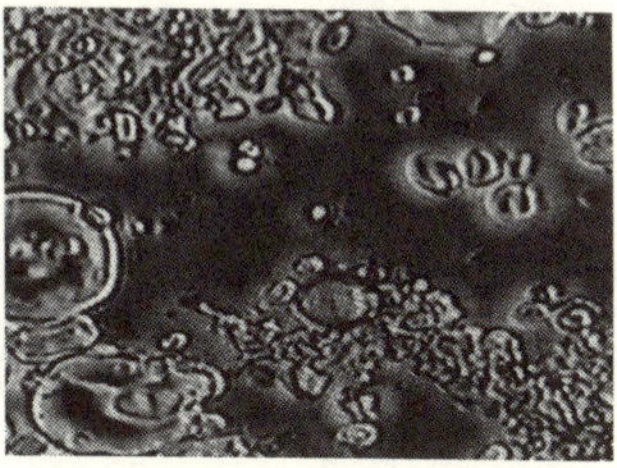

【まるまり製パン（天然酵母パン）】
原始ソマチッド水を使用した天然酵母パン。原始ソマチッドが大量に含まれ（小さい黒い点）、激しく躍動し活性化している。
（位相差顕微鏡4000倍）

その仲間たちが集まるセミナーのために2カ月ごとに出向いています。

市川万里子さんが作る天然酵母パン「まるまり」は、「原始ソマチッド珪素」のパウダーを溶かした水を使って作っています。

2024年3月20日に今治市で開催したソマチッド体験セミナーには「まるまり」の天然酵母パンの愛好者を中心に15人集まりました。そのとき位相差顕微鏡で調べたところ、パンにソマチッドが大量に含まれていることがわかりました。

天然酵母パンと山崎製パンをそれぞれ清水に溶かして位相差顕微鏡で観察したところ、山崎製パンのほうは現代ソマチッドがわずかに存在しているだけでした。一方、天然酵母パンのほ

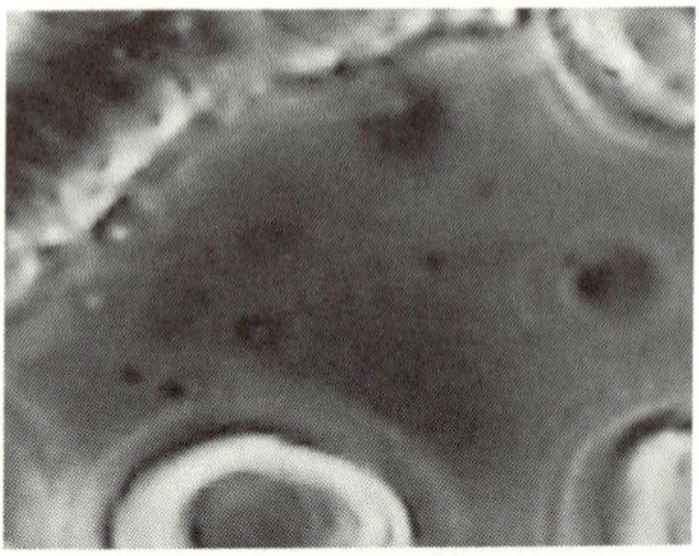

市川万里子さんの血液写真

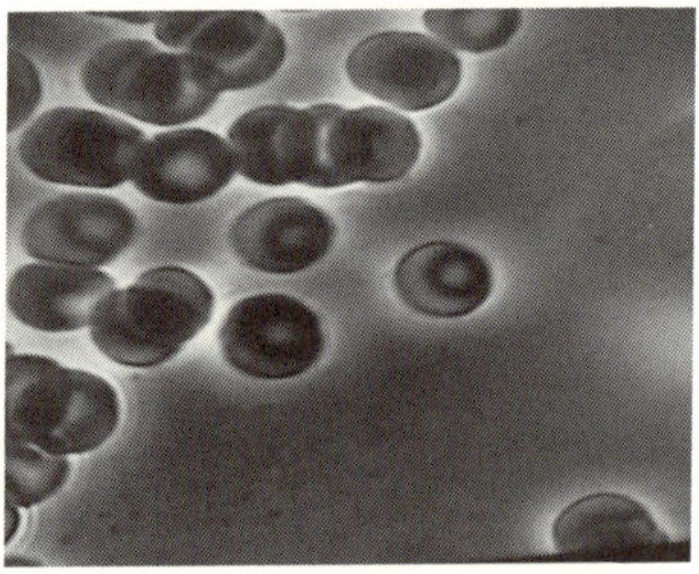

鴻上るみ子さんの血液写真

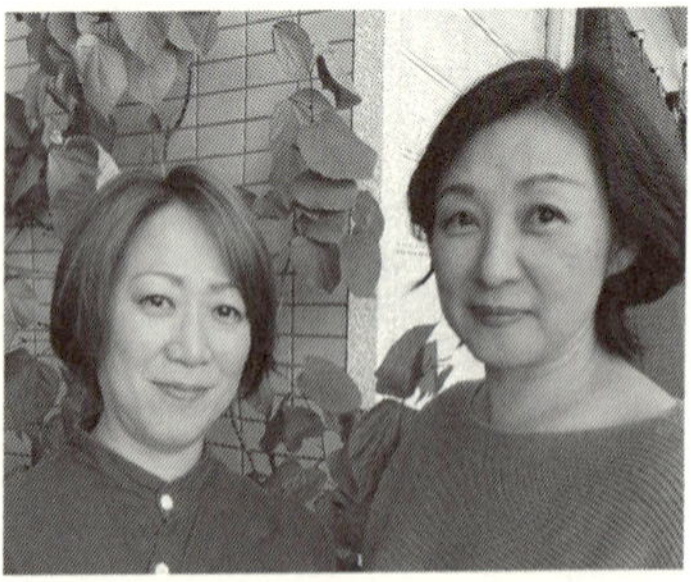

市川万里子さんと鴻上るみ子さん

うは原始ソマチッドが大量に存在し、激しく躍動していました。写真では、ナノレベル（100万分の数ミリ前後）のソマチッドはあまりに小さく、ハッキリとはわかりませんが、動画ではよくわかります。

参加者のソマチッドも調べてみましたが、参加されたほとんどの方にソマチッドが大量に存在していました。

## 家庭でも簡単に作れる原始ソマチッド入り食品

家庭でも簡単に原始ソマチッド入り食品を作ることができます。

まず、「原始ソマチッド珪素」のパウダーをきれいな水に溶かし、原始ソマチッド珪素水を作ります。大切なことは、原始ソマチッドが嫌う化学物質を使用しないことです。化学物質が多いと、ソマチッドは逃げ出したり、閉じこもったりしてしまい、活動しなくなってしまいます。

使用する水は天然水か、水素水、電子水などが良いです。その中に含まれるマイナス電子を受けて原始ソマチッドはさらに活性化するからです。水道水の場合は必ず浄水器を通してください。その中に含まれるマイナス電子を受けて原始ソマチッドはさらに活性化するからです。

30数億年以上、珪素の殻の中に入って休眠していた原始ソマチッドは、きれいな水に入れて数十回シェイクすることで、いっきに目覚め珪素の殻を粉々に砕き、飛び出し、激しく躍動しながら、生命活動を開始します。

その水を直接飲用したり、手作り酵素などを希釈する場合は、水500㎖につき「原始ソマチッド珪素」のパウダーを4分の1g前後が目安で、水2リットルなら1g前後です。お茶、コーヒー、紅茶、味噌汁、米を炊く際の水、料理を作る際に使用する水として使ってもいいでしょう。

# 4章 宇宙意識を持つ原始ソマチッドの究極の目的は人類のアセンション（次元上昇）

本書では原始ソマチッドがセルフケア医学の可能性を広げる画期的な働きをすることを紹介してきました。

ただし、その働きは誰にでも同じように当てはまるものではありません。なぜなら、「原始ソマチッドは宇宙意識に沿って生きている人により強く働き、宇宙意識に反する生き方をしている人には働きが悪い」という特徴があるからです。このことは、「原始ソマチッドの究極の目的が人類のアセンション（次元上昇）」にあることを理解すれば、よくわかります。

私の著書を初めて読まれる方のなかには、「宇宙意識」「アセンション」という言葉に初めて出会う方もいることでしょう。そもそも、「宇宙意識」とは何なのか、さらに「アセンション」とは何なのかを知る必要があります。

このことは、本書のテーマから飛躍するため、ここでは基本になることを紹介します。詳しくは、年4回発行のミミテック通信（無料）や「究極の潜在能力開発セミナー」で解説しています。

## すべての根源は無限意識存在

人間の意識には自我意識、魂意識、真我意識（宇宙意識）の3段階あります。

まず意識について考えてみます。

私は小学1年生のころ、早朝、毎日のように壁の穴から差し込む一筋の朝日の光を見ながら、「意識って何なんだろうか？」とよく考え込んでいました。「僕には今、確かに思考している意識がある。他の人達はどうなんだろう？　間違いなく、人間は皆、意識がある。動物にも意識があるんだろうか？　うちのコロ（犬）にも意識があるんだろうか？　吠えて反応するから意識はあるんだろうな。虫はどうなんだろう？　花には意識があるだろうか？……」

こんなことを考える少年でした。「間違いなく、僕には意識があるし、人間には皆、意識がある。じゃあ、人間は死んだら意識はどうなるんだろうか？　死体に意識があるとは思えない。死んだら意識は無くなって、すべて消えてしまうんだろうか？　もし、意識がすべて消失してしまうんだったら、むなしいな！　イヤだな！　そんなはずはない！　死んでも意識は残ってどこかにあるんじゃないか。きっとあるはずだ！」。こんなことを考えていた記憶があります。

その後、人間には魂という目には見えない意識の存在があって、人間に入っていることを知りました。たとえ肉体は死んでも、肉体を抜け出した魂は死滅しません。魂として人間の意識は残ります。魂には死という概念はなく永遠の存在であるとわかりました。

これは私の理解ですが、胎児期に魂が入り、肉体の死とともに魂は抜け出します。それは、魂が人間に「転生」していたからです。魂は人間に転生し、人間体験を通じて進化成長します。それをくり返し続ける永遠の意識存在なのです。

では、魂は何のために人間転生をくり返しているのでしょうか。

私は長年探り続けてきた魂のことについて、52歳のころ、魂そのものに「教えてほしい！」と、毎夜ベッドに入って丹田呼吸瞑想しながら問いかけてから寝ていました。

いつもは、部屋を真っ暗にして目をつむっていても紫色や緑色などの色がまぶたに浮かびますが、そのときは、深い暗闇だけで完全に真っ暗でした。しかし、不安を感じる暗闇ではありません。むしろ、永遠な安心感と懐かしさを感じました。さらに、無限に躍動感のあるエネルギーと愛に包まれる感覚になったそのとき、無限な英智そのものが無限意識としてそこにあることを感じました。

そこには姿も形も時間も何もありません。ただ「無限なすべて」が存在していることを感じていました。「そうだ！　これがお釈迦のおっしゃった『空』だ！　イエスが語った『始まりであり終わりである完結した存在（神）』だ！」と納得しました。

その後も、同じような体験が続き、大宇宙が創造される以前に、この無限意識存在にはひとつの想いがあったことがわかってきました。それは、「自分自身の無限な可能性を体験してみたい！」という想いです。

その想いは、さらに強く、強く膨らみ、ついに極限に達し、大爆発するように無数の光として暗闇から飛び出してきました。

私はその無限意識存在からスパークするように誕生した光こそ、魂の本質だと気づきました。その瞬間、魂の本質はその光とともに誕生したのだと納得している自分がいました。

無限意識は、私たちの魂の本質である光を産み出すとともに、光が体験する場として多次元大宇宙を創造しました。もっとも周波数の高い（精妙な高周波振動）高次元宇宙を創造し、周波数を順次下げながら多次元宇宙を創造しました。そして、最終的にもっとも周波数の低い３次元物質世界を創造しました。

１次元、２次元は３次元物質世界に含まれていて、一般的にいわれるビッグバンはあくまで３次元宇宙形成のスタートにおける現象です。もっとも周波数の高い宇宙を10次元宇宙と表現するなら、多次元宇宙は10次元から３次元（１次元、２次元を含む）まであることになります。しかも、それらはすべて、同時に存在しています。そこでは、低次元宇宙はより高次な宇宙の中に存在し、すべての多次元宇宙は無限意識存在の中に存在する仕組みになっているようです。

無限意識存在の無限なるエネルギーも、無限で不変な愛も、無限な英智も、すべての多次元宇宙を内包しています。この無限意識存在こそ、すべての始まりの「大いなる源」であり「宇宙根源」「創造根源」です。仏陀は「空」、イエスは「神」「創造主」と表現しました。以降、本書では、この無限意識存在を「創造根源」と呼ぶことにします。

## 創造根源

くり返しますが、この多次元宇宙は、創造根源が分身として生み出した光を体験する場（舞台）として創造されました。

創造根源の分身である光は、周波数がもっとも高い10次元からではなく、もっとも周波数が低い、つまり重い1次元から体験をスタートし、次に2次元、3次元（4次元）、5次元、6次元と体験し、最終的に10次元を体験します。そうして大進化をとげ、大元の創造根源に回帰するように創造されている。これが私の探ってきた宇宙のあり様です。

創造根源からスパークするように産み出された「光」は、まず振動することで思考がはじまり、光の意識体としての活動がスタートしました。

その意識体は、自分自身が宇宙創造根源から産み出された分身だと知ることで、自身の中に無限なるエネルギーと不変な愛と無限な英智が内在していることに気づきます。そして、多次元宇宙を舞台として、さまざまな体験をすることで進化し（魂として成長し）、大元へ戻ることが自身の存在目的であることを自覚するようになります。

光の意識体（魂）の体験について、さらに具体的に説明しますと、まず鉱物に宿って物理的感覚に慣れていきます。鉱物の中で縛られて身動きが取れない感覚体験です。さまざまな鉱物や巨大な岩石体験もします。

多次元宇宙構造
創造根源
（無限存在）
光
（スプリット）
周波数を下げ、顕現
各次元に対応する魂のボディ
10次元
9次元
8次元
7次元
ケシ体
6次元
コーザル体
5次元
メンタル体
（精神体）
4次元
想念エネルギー界
（アストラル界）
アストラル体
（感情体）
物質世界
3次元
エーテル体
肉体
2次元
1次元
1次元
点の意識、物質（鉱物や水、細胞……）レベル
2次元
線の意識、動植物レベル、集団意識
2次元には、自我（エゴ）としての個別意識はない
3次元
人間体験　立体的（3次元）な認識、感知による意識
自我意識（エゴ）としての個別意識を持つ
過去や未来も思考できる能力
創造根源から分離しているため、個別意識は孤独である
二極性による二元性を最大限に体験でき魂がもっとも進化成長できるレベルの世界。さまざまな体験をし進化成長し「魂意識に覚醒」することで3次元を卒業でき、アセンション（5次元へシフト）する

その次に有機物体験をし、その次に有機物の生命体体験をします。その次は植物に宿り、

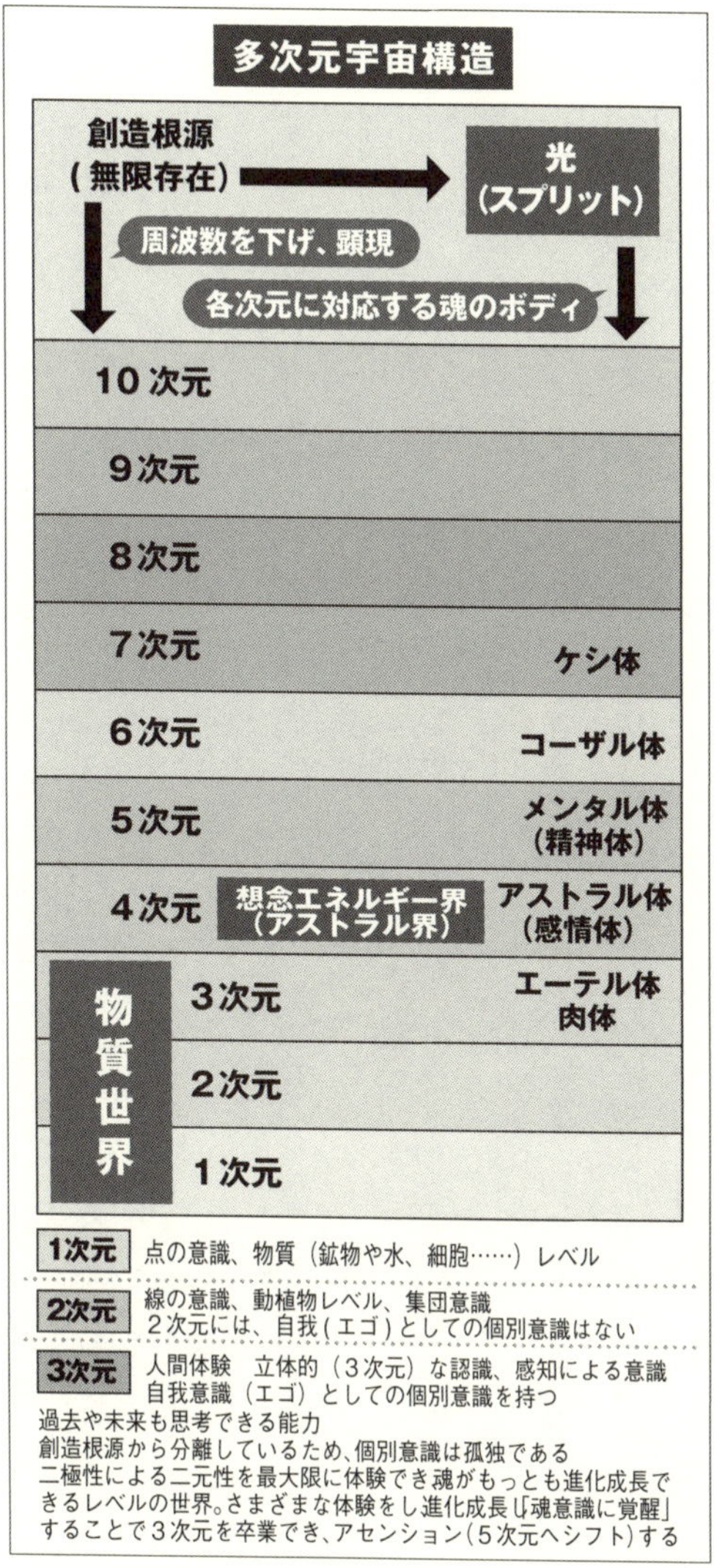

苔、草、花、野菜、樹木、巨木などを通してさまざまな体験をしていきます。たとえば、雑草では踏まれる体験をし、きれいな花では愛でられる体験をします。巨木での体験はかなり長い期間になります。ウイルス、バクテリア、菌、微生物……などの生命体体験もします。

その次に、昆虫の体験、魚類の体験、両生類の体験、爬虫類の体験、鳥類の体験、哺乳類の体験。これらすべての体験を通して成長していきます。

動物界での体験の最後が人間社会にいる犬や猫のペットです。野生の犬や猫の体験をし、家族のように扱われるペットとしても体験します。

動物界での体験は、その瞬間、瞬間の連続のなかで行われます。猿や犬、猫は過去を懐かしがったり、明日を心配したりしません。今の瞬間、瞬間を意識しているだけです。そして、個別の意識はありません。集合意識でつながっています。集団行動のなかで無意識に生きています。

3次元体験の最後は人間です。人間の意識は個別意識です。一人ひとりが全く独立した意識です。そして、3次元の物理的な時間の流れのなかで、現在を認識し、過去を振り返り、未来のことを考えます。

犬が好きな人は犬に転生した数が多かった魂です。猫が好きな人は猫に転生した数が多かった魂です。私も家族も近い身内も犬が大好きです。きっと皆犬への転生回数が多かったからでしょう。

この場合の魂は、人間として転生する前に、人間社会にいるペットとして転生した体験が多かったのでしょうが、我が家の犬がその理由をはっきりと教えてくれました。

私が28歳のころ、高知市で事務所兼自宅を構えているとき、隣の家に岡山に本社のある有名な会社の支店長家族が引っ越してきました。5歳の男の子のために、白い雑種の子犬を知り合いからもらったそうですが、その子犬は飼い主の家族以上に私になつきました。

その後、半年も経たないうちに、その支店長家族は本社に戻ってしまいました。私が仕事から帰宅してみると、その犬が玄関につながれているではありませんか。ご飯を与えながら3日経っても、連れにくる様子がありません。これはおかしいと思い、本社に電話を入れたところ、「あの犬はいらない！　あんたにあげる！」と驚くような返事が返ってきました。

私は独身で出張が多く、とても面倒を見れず困りましたが、実家（愛知県岡崎市の父母）に、息子（私）の代わりだと思って面倒を見てくれと頼んだところ、犬が好きな父母は喜んで引き受けてくれることになりました。

真っ白な犬だったので、私は「チロ」と名づけました。車に乗せ、高知から岡崎の実家へ連れていくチロにとって、はじめての車の旅でした。チロは一生涯を私の実家で暮らしました。

私は東京へ出張する際は必ず、帰りには愛知の実家に立ち寄りました。父母の話では必ず、チロは朝からピョンピョン飛び跳ねながら、私が来るのを待っていたようです。

私はその後、地元岡崎市に戻り、会社事務所も岡崎に移し、自宅も建てました。新築祝いと娘の6歳の誕生日祝いに、私の弟のところで生まれたウエルッシュコーギーの赤ちゃんをもらうことになりました。

6匹生まれたなかでどれにしようかと観察していたところ、5匹はいっしょに群れて遊び、集団行動をとっていました。ところが1匹だけ、全く別行動をとっている子犬がいました。私は、この子犬は他の5匹とは意識が違い、まるで人間のように独立した個別意識があるように思いました。結局、弟夫婦の承諾を得て、その子犬をもらって帰宅しました。

私の娘はオスならミッキー、メスならミニーと名づけると言っていたのですが、メスだったのでミニーになりました。

ミニーは、弟の家ですぐに私に抱きつき、喜んで車に乗りました（その後も私の車に乗ることが大好きでどこへでもついていきました）。自宅に到着すると、大喜びで玄関に入り、家族の懐に飛び込んできました。

じつは、長男だけ犬が大嫌いで、目の前に犬（子犬でも）が現れただけで震え上がり、逃げるほどでしたが、ミニーには徐々に慣れ、いちばん仲良しになり、朝夕の散歩は長男の役割になりました。

ミニーは普通の犬とは随分、意識が違っていました。まず、自分は犬とは思っておらず、他の犬には全く無関心でした。普通、散歩で犬同士が会えば近寄りますが、ミニーは全く無視していました。私の実家へ初めて連れていったときも、車から降りるなり、いきなり走って玄関を駆け上がり、何か懐かしむように喜んで父母に飛びついたり、家中を走り回ったりしていました。

犬なのに人を見抜く眼力もありました。私の友人や知り合い、親戚、会社員には人見知りせず、すぐ馴染みました。会社の事務所には一日中でもいて、来客があると大歓迎していました。いつまでも若々しく、ピョンピョン飛び跳ね、10歳の誕生日近くになっても白髪1本もありませんでした。「お前、何十年生きるつもりなんだ！」とよく話しかけたものです。

ある日、私はミニーを抱き上げ、目と目を合わせ、ミニーの瞳の奥を見たとき驚きました。瞳は魂の窓といいますが、なんとミニーの瞳の奥の魂はチロの魂だと気づきました。チロに転生した魂が、今回はミニーに転生して我が家にやってきたのだとわかりました。

その後、ミニーとのテレパシーで対話をしてその理由がわかりました。今回、私の元へペットとして転生した大きな目的が2つあるようなのです。第一の目的は、私に命を助けられた恩返しでした。私の家族を癒し、子どもたちはミニーの面倒を見ることで愛することを学びました。もっともありがたかったことは、アスペルガーの長男を癒してくれたことでした。

第2の目的は、私の愛と家族の愛を受け、愛を学ぶことでした。前世（チロのとき）では私の父と母の元で暮らし、愛されました。しかし、本当は私の元で暮らしたかったようでした。今度こそは私の元で家族の一員となり、ペット（犬）としての最終段階で人間の愛を受け、愛を学ぶために来たようです。

我が家の家族となり、あと2日後には満10歳の誕生日を迎える日でした。犬の美容院でトリミングし、きれいなモコモコ姿になりました。ところが翌日、突然体調不良になり、寝込んでしまいました。それまで一度も病気をすることもなく、いたって健康で若々しかったミニーが急変したのです。行きつけの動物病院で血液検査等しましたが、特に病気が見つからず、原因不明でした。

念のためお泊り（入院）をしました。その深夜11時ころ、院長から「もう、長くないかもしれない！」と電話が入り、家族5人で駆けつけました。ミニーの瞳を見たとき、もうミニーの魂は感じられず、ただ単に動物の目で、いつものミニーの反応も全くありませんでした。

いったん、私たち家族は帰宅しましたが、明け方近くの4時ごろ、再び電話があり「本当に、危ない！」と伝えられました。すぐに駆けつけましたが、目の前でミニーは息を引き取りました。

5時に帰宅し玄関に入ろうとしたとき、頭上の空にオレンジ色のUFOが一機飛びました。家族全員、「アッ、ミニーの魂があのUFOに乗ってる！」と思いました。そして、家族全員「ミニー！　10年間ありがとう！」と感謝しました。

1週間後、ミニーは人間の姿をして私の明晰夢に現れました。私は52歳ごろから意識を持ったまま眠る訓練をしていたのですが、しだいに超リアルな明晰夢を見ることができるようになり、予知夢体験、過去世や未来世体験、4次元や異次元体験が意図的にできるようになりました。

そのときの明晰夢の中で、立っている私の背中をトントンと叩く人が背後にいました。誰だろうと思い後ろを振り返ったところ、半分、犬のような顔をした人が立っていました。その瞳を見たら、なんとミニーの魂でした。「お前、ミニーじゃないか」と語りかけたところ、こんな返事が返ってきました。

「そうです、私はミニーです。本当に長い間、チロのときもミニーのときもありがとうございました。あなたの愛を受けて犬の転生期間はすべて終了しました。今度から人間に転生し、今度は人間体験を通して学びと愛を実践していきます。いつの日か会えるときを楽しみにしています」

ミニーの魂はこれから何十万回も3次元の人間転生をくり返し、さまざまな体験を経て進化成長していくのだろうと思います。

3次元での最終意識体験が人間意識体験です。人間は創造根源が3次元物質世界に顕現し形態化した人間型生命体（ヒューマノイド）です。魂は、その人間に転生して3次元での最後の学びを終えます。

# 創造根源が魂に与えた2大テーマ

## 1 人間への転生中に、忘却した魂意識と宇宙意識を思い出す

創造根源から光（魂）が分離し生まれた際、魂は個別意識になり、起源である大元を忘却しました。その結果、魂のテーマの一つは、大元の創造根源の意識を回復することになったのですが、魂が転生した人間の意識は、自分の本質である魂意識を忘却してしまいました。その結果、3次元の人間意識の最大のテーマは、魂意識に覚醒し、魂意識を回復することにあるのです。それには何十万回も転生し、人間体験をくり返す必要があります。

魂のみの状態では進化できません。あくまで魂は多次元宇宙体験を通して進化できるように設定されて誕生しているからです。魂の3次元体験は、最終的に人間転生を通してのみ進化するようになっているからです。

創造根源は、自分の代わりに多次元宇宙のありとあらゆる意識や世界を体験して進化成長し、創造根源の元に帰還できるよう魂に「100%自由意志」を与えました。

魂は何をしようがすべて自由であり、創造根源はいっさい魂に制限を加えず、ジャッジ

もしません。その代わり、魂は自己の行為に対して「100%責任を持つ」ことになります。あくまで100%自分の意志で行い、そこで気づき、自分の意志で100%責任をとることで進化成長できるようになっているのです。

魂が宇宙に与えた行為は100%すべて、魂に責任があります。そのため、その行為は宇宙から「カルマ」となって返ってきます。一般的に「カルマ」は、否定的（ネガティブ）な行為に対して課せられる罰のように解釈されていますが、それは正しい認識ではありません。正しい「カルマ」の目的は、魂の行為がもたらした結果を魂自らが気づき、学ぶことにあるのです。

もしネガティブなことであっても、それを真正面から受け止め、受け容れることで気づきがあれば、そこから知恵を得て「カルマを帳消し」にでき、解消できます。魂が人間転生時に残したカルマも、転生をくり返しながら解消していくようになっています。

つまり、魂は人間転生を重ねることで進化成長していく仕組みになっているのです。

## 2 魂が進化成長するために創造根源が設定した「2極性による2元性体験」

創造根源自身は、あらゆる相対的な陰陽の二極の融合存在です。たとえば男性エネルギーや男性的思考などの男性性と女性エネルギーや女性的思考などの女性性が創造根源自身の中で融合しています。そこから派生した魂（光）も、男性性と女性性が一つに融合した存在です。

しかし、周波数を下げ、顕在化した宇宙を体験するときは、陰陽の2極に分離した形となって体験をします。人間は男性と女性に分離し、顕在化した存在です。そのため、たとえば男性に転生するときは男性性エネルギーを60%、女性性エネルギーを40%の割合で内包した状態で肉体に入り転生します。女性への転生の場合はその逆になります。ただし、その割合は魂によって違いがあります。

このような2元性は男と女だけではありません。光（明）と闇（暗）、プラス（陽）とマイナス（陰）、善と悪、左右、上下、高低、個と全体、悲しみと喜び、不安と平安、ネガティブな感情とポジティブな感情など、無限ともいえるほど存在します。

創造根源は2元性が融合した「1」なる存在です。その「1」なる創造根源は自らを分離、分裂させ、周波数を下げて2元性の宇宙を創造しました。この2元性を最大限体験できるところが「3次元宇宙」です。悲しみの体験を通して喜びの素晴らしさを味わうことができますし、暗闇を体験して初めて明るさや光を知るようになります。すべてが体験しなければわかりません。

人は傷つけられたり、無視されたりして悲しみやさみしさ、苦しみ、怒りなどのネガティブな感情を体験します。逆に愛され理解されて心が満たされ、癒されることで、喜びや平安のポジティブ感情を体験できます。

人は愛されて育って初めて、人を愛することができます。ネガティブ体験を乗り越え、他人の心の痛みを理解し、許し、思いやることで、ポジティブな愛情深い人間に進化成長していきます。

こうしたことは1極の体験だけではできません。2極を体験して初めて、両極のバランスをとることができ、2極のバランスがとれる人間（人格）に進化成長できます。それが3次元の人間体験です。それによって、魂は進化成長していくのです。

じつは、この2元性が銀河でもっとも極端に現象化した惑星が私たちの地球です。魂にとっては、もっとも進化成長できる場所なのです。その地球が今、2元性を乗り越え、3次元から5次元へシフト（アセンション）する真只中に入っています。

まとめますと、私という人間の本質は魂であり、本当の私は「魂」です。単なる知識レベルでなく、内なる私は「魂なんだ！」と実感し、魂意識に覚醒することが3次元を卒業し、アセンションをする第一段階です。

次に、光の天上界に存在する「魂の本体」に気づき、実感することが第二段階です。これが、お釈迦様が説いた「悟り」です。

魂が人間に転生する場合、進化成長した大きな魂が丸ごと一人の人間に転生するわけではありません。一つの魂の一部を分割（分霊）して、人間に入り転生するのです。魂の本体はあくまで、天上界（光の世界）に存在しています。

その魂の本体もまた、同じ霊格や同じテーマを有する魂の本体が数多く集まり、「マスターソウル」という魂の本体の集合体を天上界に形成しています。

## 真我意識に覚醒する

進化成長した魂（ソウル）の集合体であるマスターソウルは、さらに多くの体験をするために、自分自身を分割し、分割した魂を現実宇宙に降ろし、体験しています。分割された魂の情報は、その魂自身の情報として蓄積され、魂が進化成長します。

魂が一つの転生を終えると、その都度、魂の本体に戻ります。そこで魂の本体に体験情報を報告します。それはマスターソウルに存在するすべての魂の共有情報にもなります。それによってマスターソウルそのものも、魂の本体も、分割した魂も進化成長していきます。

マスターソウル本体全体がそのまま地上世界へ直接、転生することはありません。もちろん、魂の本体そのものも直接、地上世界へ転生しません。そのため、マスターソウルは所属する魂のさらに分割した一部を、分身として転生させるのです。それによって、さらに多くのテーマや内容を究めることができるのです。

魂の世界だけでは魂は進化成長することができません。あくまで、人間に転生して、その人間体験でしか魂は進化成長できない宇宙の仕組みになっています。創造根源はそのために、魂を自分の分身（神の子）として、生み出し、無限な進化の可能性を持たせたのです。

ただし、地上の人間に生まれたとき、魂の意識から離れ、肉体脳で意識する顕在意識、つまり自我意識（エゴセルフ）だけになります。しかも、魂の記憶を忘却しています。

魂意識から離れた人間の自我意識は孤独な0（ゼロ）からのスタートになります。人生のさまざまな出来事のなかで、多くの体験をし学ぶとともに、最終的には「自分の本質は魂なんだ！」と気づき、魂意識を回復することが地上界に生きるときのテーマになります。

真の気づきに至り、魂意識に覚醒し、さらに魂の本体意識（つまり、真我意識）に目覚めたとき、はじめて3次元を卒業し5次元へ次元上昇（アセンション）できます。今、地球の多くの人は、そのときを迎えています。

## 人間には無限な能力と進化の可能性がある

動物の時代は集団意識として動物集団はお互いに意識がつながっていました。ところが、人間転生レベルまで大きく進化成長した魂は一つひとつが完全に独立した個別意識となって、人間転生をします。

魂は人間に何万回も何十万回も転生をし、学び成長進化していきます。まだ、転生回数が少ないうちは、その人の意識レベルに、動物に転生していたころの集団意識がまだ一部残っています。だから仲間（グループ）を作り、いっしょに群れていると安心するのですが、ひとりになるとさみしさや孤独感を強く感じとります。

そのうえ人は、親や家族、周囲の愛を受けて、愛を学びます。そして、愛された分だけ、人を愛することができ、愛を与えることも学びます。数多くの転生を通じて、多くの愛を受け、多くの愛を与えてきた人は、決してひとりでいても孤独感を感じず、さみしくありません。ところが、受けた愛が少なく、人間転生数が少ない若い魂は、人を愛する心の余裕がありません。しかも、人間は一人ひとりが個別意識のため、ひとりぼっちの孤独感やさみしさを感じます。

それでも、幼少期や子ども時代に、たっぷり親から愛されれば、心は満たされます。しかし親からの愛が足りなければ、心は満たされません。学校では心が満たされていない者どうしが共鳴し、仲間を作り、群れやすくなります。

そこで、ひとりでいてもさみしくない子を嫉妬したり、生意気に感じ、いじめてしまいます。あるいは弱そうな子をいじめてしまいがちになります。しかも、ひとりでいじめるのではなく、仲間集団でいじめます。たとえ、いじめが良くないと思っていても、そこからはずれようとすれば、今度は自分がいじめの対象になるため、勇気が出ません。

このように、人間転生がまだ少ない魂が幼いうちは、独自性や独創性が弱く、自分の考えを強く持てず、人の目を気にしたり、周囲に合わせた生き方をしたりしてしまいます。逆に、人間転生回数が多く、大きく進化した魂の人間は、どんないじめに遭っても、へこたれるどころかかえって強くなります。

## 人間には無限な「好奇心」という創造力のエネルギー源がある

人間は創造根源から無限な能力と進化の可能性を与えられ創造されました。人間の脳細胞は1200億個以上あります。そのなかでも思考を中心とする大脳新皮質を構成する脳細胞は140億個あります。ペットの犬には1億個しかありません。しかも人間の能力は犬の140倍ではなく、脳細胞間でシナプスどうしが情報のネットワークを張れば、無限大になります。将来、どれほどAI（人工知能）が進化しても決して、全く新しい創造性のある思考や思考エネルギーによる創造力を持つことはないでしょう。人間には創造力が無限に与えられているからです。

人間の思考力は、まず知ることによって無限に知識を持つことができます。知識を得たら次に、創造力の原動力となる好奇心が働きます。この好奇心は人間にしかありません。しかも人間の好奇心は無限に沸き上がってくるもので、限界がありません。

それは、魂の大元である創造根源が好奇心をもつ絶対的な存在だからです。そもそも宇宙のすべての始まりの前に創造根源は、「自分自身の無限な可能性を体験してみたい」という動機による好奇心を原動力にして、全宇宙のすべてを創造しはじめました。その好奇心を満たすのが魂です。

魂は人間転生を通じて好奇心を具体的に満たそうとします。好奇心の塊として、常に新しいことを知ろう（学ぼう）とします。

好奇心で知ったことを自分の意志で実際に体験してみることによって五感で感じることができます。五感を通して楽しかったか、おもしろくなかったか、嬉しかったか、悲しかったか、感動したか、苦しかったかなどを感じ取ります。

不平不満、心配、恐怖、怒り、憎しみ、恨み、ねたみ、嫉妬などのネガティブ感情から平安、安心、喜び、やさしさ、思いやり、受容、愛のポジティブ感情に至るまで、さまざまな感情体験をします。

特に人間の自我意識（エゴセルフ）は自分だけの個別意識であるため、自分が否定されたときは自己防衛に走り、ネガティブな感情に陥ってしまいます。そこから、孤独、さみしさ、悲しみ、怒り、葛藤、けんか、争い、自己喪失などが生じます。しかし、数多くの人間転生でさまざまな立場を体験するうちに、相手のことが理解できるようになり、人を許すことや、自分を許し受け容れるやさしさ、思いやり、寛容さ、すべてを包み込む愛を知るようになります。そして、すべてを「あるがまま」に客観的に受け止める人間になります。

そうすれば、徐々に魂の背景に創造根源があり、自分は創造根源の一部だと悟れるようになり、不変な愛そのものの存在になります。ただし、そこに至るまでには何万回も何十万回も人間転生を行い体験し学ぶ必要があります。

魂が人間転生する目的は魂が進化成長するためです。魂は人間に転生して初めてさまざまな体験ができ、進化成長することはすでに述べてきたとおりです。

3次元世界である地球は、あらゆることが2極に分離した2元性を体験する場です。2元性体験は魂単独ではできません。人間の男性か女性のどちらかに生まれ、魂意識を忘却し、自我意識（エゴセルフ）になって初めて体験できるものです。

2元性のなかで、もっとも深く体験できる2大テーマは

①男性性と女性性

②ネガティブ感情とポジティブ感情

です。

大元の創造根源は、男性性と女性性が完全に1つに融合した存在であり、すべての感情

を超越した永遠な愛そのものの存在です。

つまり、魂は人間になって初めて両極を分離して体験したとき、生じるさまざまな葛藤を克服し、両極を融合する体験をできるのです。この2元性が銀河系宇宙でもっとも極端に激しく重い惑星が地球です。

## 地球は銀河最大の2元性体験場

銀河一、緑と青色の美しい「水の惑星」地球は、銀河内や全宇宙からもっとも多くの人間（ヒューマノイド型）種族が集合したもっとも重く激しい2元体験をできる惑星です。たとえれば、単一民族国家のシンプルな日本に対して、全世界から150以上もの民族が集まっているアメリカ合衆国のようなものです。この宇宙一複雑な地球の重い2元性の中で人間が進化成長することは大変困難で至難な技です。

しかし、この地球を卒業できれば、魂が飛躍的に進化を遂げることができるもっとも魅力的な体験場でもあります。わが太陽系は、地球以外の惑星はすべて、2元性の3次元体験を終了し、5次元へ移行しています。NASAが火星や金星へ飛ばした惑星探査機はあくまで、3次元の残骸のみしか見ていません。既に、金星も火星も木星も土星も5次元へシフトしています。

ただし、250万年前アセンションした金星はわずか3億人の単一民族の惑星だったため、2元性の克服が容易でした。

もし地球が単一民族の日本人のみの1億3000万人の惑星だったら、とっくに5次元へ進化(シフトアップ)していたことでしょう。しかし、それでは2元性体験が浅すぎ、それ以降の進化や次元シフトに限界が生じてしまいます。銀河一困難で、複雑な2元性体験を有する地球だからこそ、銀河中から注目されています。銀河内の無数の惑星や他宇宙の5次元以上の存在が、どうやって地球人類が現在進行中の次元シフト(アセンション)をするかを観察に来ています。ただし、彼らは別の次元に存在しています。また、5次元以上に転生していた魂が地球に来て人間転生を通して、その母星進化のための体験に来ています。

もう一つ、先に述べたように3次元への人間転生における重大なテーマに、「魂意識と自我意識の分離」があります。それは、魂が人間に転生した際、人間の自我意識が魂意識を忘れてしまうことです。何十万回も人間転生し、進化した大きな魂なら人間転生しても、その自我意識はすぐに魂意識を回復し、2元性体験をしても、葛藤することはありません。ありのままに客観的に受け止めることができます。

ところが、魂がまだ若く幼い場合は、人間転生経験が少ないため、自我意識（エゴセルフ）の自分が否定されることが多いため、相手を理解できず、葛藤が激しくなります。そのうえ、地球へ1度転生したら、余程進化した魂でない限り、地球の4次元世界にのみに存在する霊界（幽界、冥界）への輪廻転生のサイクルにはまってしまいます。

本来の転生なら、その都度、天上界（光の世界）に存在するマスターソウル内の魂の本体に戻れます。しかし、地球独特の輪廻転生にはまってしまった場合、地球に転生した初期の目的を見失ってしまい、逆に、多くの解消すべき課題（新たなカルマ）を作ってしまいます。幽界や冥界が地球の4次元になくなった今、このカルマを簡単に解消できる時代に入りました。

## 肉体のライトボディ化（5次元ボディ）への進化の注意点

肉体を持って、5次元へアセンションするためには、魂意識を回復するだけではなく、肉体も周波数の高い光の要素が多いライトボディに近づく必要があります。

肉体がライトボディになるためには、それまでに体内に蓄積された毒物である化学物質をすべてデトックス（排毒）する必要があります。化学物質が肉体の精妙化、ライトボディ化を妨害するからです。

アセンションに向けて肉体が精妙化しつつある今、肉体の浄化が必要です。

化学物質は人体毒であり、周波数も重く、体内に入ったら分解されず、体外へ排出されにくく、体内をグルグル循環し、特に、神経細胞や神経中枢に溜まりやすく、子どもはＡＤＨＤ（注意欠陥多動障害）、自閉症、広汎性症候群などになりやすかったり、学習障害（左脳機能障害）やうつ病、統合失調症等の原因となります。アトピーの原因の1つにもなります。農薬、食品添加物、環境ホルモン、医薬品、ワクチン（有機水銀、アルミニウム塩、酸化グラフェンなど重金属の脳神経毒）、トランス脂肪酸（ジャンクフードなどの悪い油、マーガリン）を体内に摂り込まないことが大切です。

化学物質以外にも肉は多く食べないことです。肉は波動が重いため、肉体のライトボディへの進化にはマイナスになるからです。肉体の栄養素は炭水化物、タンパク質、脂質の物質的エネルギーですが、ライトボディの栄養素は宇宙エネルギー（気、プラーナ、生命エネルギーなど、さまざまな名称で呼ばれています）です。鼻腔や脳の神経細胞や小腸の絨毛細胞（テニスコート1・5枚分の広さ）はすべて、この宇宙エネルギーを直接とり入れます。鼻腔は呼吸（特に光・丹田呼吸）から、脳は音の振動（特にミミテックサウンド）や太陽光から、小腸の絨毛細胞は食べ物から摂り入れます。

したがって、新鮮で生命力の強い気のエネルギーが満ちた食べ物を摂ることがライトボディのエネルギーになります。光の保有率が増加し、ライトボディ化が進めば進むほど、物理的食べ物から、宇宙エネルギーに満ちたエネルギー源へ食事（波動の高い食事）が移行してゆきます。ライトボディ化が進むにつれ、人間の寿命はどんどん延びてゆきます。

さらに、珪素や珪素宇宙意識生命体である原始ソマチッドを多く摂り入れることで、炭素ベースの肉体から珪素ベースの肉体へ進化してゆきます。

4種混合ワクチンをはじめとする乳幼児ワクチンや従来のインフルエンザワクチンなどは、脳細胞にとって最大の脳毒である有機水銀やアルミニウム塩が薄められて入っている場合があります。

そのため、幼少期からの十数％の各種発達障害と高齢者の認知症の最大の原因となっていると考えられます。新型コロナパンデミックで新たに登場した遺伝子ワクチンには、有機水銀は入っていないかわりに、脳がコントロールされやすくなると思われる酸化グラフェン（酸化黒鉛）が入っています。

そのうえ、数年以上にわたって体内細胞内でｍＲＮＡによって作られ続けるスパイクタンパクが脳組織に入り、脳内血流や脳機能にダメージを与え続けます。中国やロシアの従来のワクチンと違って、日本は今後、すべてのワクチンが遺伝子ワクチンに置き変えられようとしています。

このように、従来のワクチンも遺伝子ワクチンも、アセンションを閉ざし、魂意識の受信機になっている松果体の進化拡大を止める毒物が入っています。これ以上、ワクチンを接種しないことは当然ですが、接種してしまった人は、解毒（排毒＝デトックス）が必要です。デトックスを担う脳細胞をはじめとする細胞内のミトコンドリアの活性化を図る手作り酵素や原始ソマチッドを多く摂る必要があります。つまり、原始ソマチッドの活性化こそが化学物質の解毒を担うミトコンドリアの働きを高めてゆくことになります。

たとえ、ワクチン接種をしていなくても、ワクチン接種者からのシェディングによって体内に入ったスパイクタンパクを消してしまう必要があります。さらに人体のライトボディ化への進化のためにも原始ソマチッドを多く摂り入れる必要があります。

あわせて、遺伝子ワクチンによって体内で作り続けられるスパイクタンパクを分解する原始ソマチッドを肺や腸から多く摂り入れる必要があります。

こうして、アセンションを進めるうえで、徐々に引き上げていく必要があります。

①魂意識への覚醒を図り、精神を精妙な波動レベル

②肉体の浄化を図り、肉体を精妙な波動レベル

魂意識に覚醒した人、さらに、真我意識（宇宙意識）に覚醒した人にこそ、宇宙意識に沿って活動する原始ソマチッドは強く働きます。当然、純真無垢な赤ちゃんや素直な子どもを全面的に応援することは言うまでもありません。

こうして、人類のアセンションを進めることが太陽から来た原始ソマチッドの究極の目的なのです。

原始ソマチッドも応援するアセンションの時代到来を整理しましょう。

今、地球と地球人類は3次元から5次元へアセンション（次元上昇）しつつあります。3次元とは、今までの物理的地球のことです。5次元とは、周波数が少し高まった精妙な地球です。3次元は、非常に重い物質的地球で、その物理的肉体を持つ人間は物理的五感が強烈にリアルに感じられる素晴らしい世界です。と同時に、感情も激しく感じ、物質的欲

にとらわれやすく、物事に執着しやすくなります。人々はお互いが理解し合えない場合、自己執着が原因で葛藤、争いが生じやすくなります。

肉体の有限性故に、生老病死の苦しみを感じます。人間の自我意識は、自分が否定されることへの心配、不安、恐れなどのネガティブな感情を感じます。

これが、重い物質地球の3次元に生きる人間の体験です。一方、5次元世界（ミロクの世）は愛と調和に満ちた人間世界です。つまり、一人ひとりが自己執着せず、自我意識を越えた世界です。これを真我意識とか宇宙意識といいます。地球のアセンションとは物質的地球の周波数が上がってエーテルレベルの地球になることです。

地球人のアセンションとは精神的には自我意識を越えて、魂意識に覚醒し、さらに真我意識（宇宙意識）になることです。

肉体的には炭素ベースの重い3次元物質人間から珪素ベースの軽い5次元人間に周波数が高まることです。地球と人類が5次元（ミロクの世）にアセンションすれば、権力や金、物、人に執着した支配構造は消え、戦争や浄化のための天変地異は無くなり、平和な愛と調和に満ちた地球になり、宇宙文明の仲間入りをする時代が訪れます。

# 監修の言葉

なぜ最近、これほど多くの意見の異なる学説・エビデンスがあるのでしょうか。

エビデンスを得るということは、まず、何の、どんな結果が欲しいのかからはじまります。そのため開始時点から、じつは何らかの思考の傾向が付いてはじまっているのです。

それによって、無意識な思考の領域において、エビデンスの統計集計の仕方に何らかの偏りが生じてきます。優秀な研究者たちが方法と結果を作成するのですが、彼らの思考に偏りがあることに自分で気づくことは、じつは少ないのです。

一方、天才たちはエビデンスを重視するでしょうか。彼らには、はじめからある道理や摂理に無意識に無心で従っている思考性があるので、正しいエビデンスの答えをはじめから知っています。その結果を便利な社会的分析・分類として用いたり、反対にそのエビデンスの偏りや間違いを見抜いたりします。

他方、世界の優秀な秀才たちが作るエビデンスは、その一つひとつの狭い偏った思考の中において視るなら、じつは合っています。ただ、狭く偏っているだけなのです。

ほとんどの優秀な学者はとても優れた秀才たちですが、残念ながら天才たちとは思考が異なります。秀才たちは優れた左脳思考を結集することができますが、左脳思考は「木を見て森を見ず」に陥りやすいのです。社会的に優秀な人のほとんどは、この左脳思考を得意としています。現代社会の制度や主義も、左脳思考が結集されたものです。

私たち人間の身心は、総合して絶妙に成立しています。その仕組みは宇宙の仕組みの解明と同じく、いくら科学的に生理・生化学的に解明しても、まだまだ未知の領域のほうが多いのです。

エビデンス一つひとつが狭い見地でいくら合っていても、総合した解明自体が不可思議なのですから、その一つひとつのエビデンスは、単なる一事象に過ぎず、不足しているのも仕方ありません。

たとえば、ガンや自己免疫疾患や難病に対して世界中の優秀な学者・研究者が大金を用いて対策を講じてくれていますが、左脳思考では結局、森は見えておらず、空や雲や風や山や小川などに潜む危険さえ全く見えていません。

たとえ左脳思考で何らかの有益な結果が得られても、反作用・副作用・副反応と必ずセットなのです。じつは、これはアンチ西洋医療・健康志向の人においても同じであり、左脳思考で健康を捉え、体に良いものを十分に揃えても、その思考自体が左脳的なら、やはり反作用とセットであり、健康オタクの人でもガンや難病になります。

森羅万象は、まだまだ未解明の作用の下で陰陽五行のようにバランスと調和で成立しています。左脳思考だけでつくったモノが反作用とセットであることは仕方のないことであり、左脳思考の絶対律ともいえます。

左脳思考は右脳思考のように全体感として摂理から捉えることができません。天才たちはもちろん右脳思考を優位に用いますが、その奥の領域まで用いていると推察されます。スポーツのトップ選手たちが言うところのZONEに入っている状態を容易に再現できる人々が天才たちといえます。その点は、どれほど優秀であっても左脳優位に偏った思考の秀才たちには永久に理解することはできません。

それが、多くのエビデンスや学説の内容が不足しており、大きく偏っているのに研究者たち自身がそれに気づくことさえできない理由であり、身心の仕組み同様に、はじめから存在している道理・摂理から大きくかけ離れてしまう根本的な理由です。

難病を改善し、身心の健康を取り戻すためには、まず体内に蓄積されている毒出しが重要です。元々具わる免疫システムや生理改善システムは、さまざまな毒が蓄積していると上手く作動することができません。まず、如何にして蓄積している毒を出すのかが重要です。

身体の仕組みを上手く作動させるには、①数十種類のミネラル、②珪素（シリカ）などの必要元素、③酵素、④ビタミン、⑤その他の栄養素（タンパク質・脂質・炭水化物）が必要です。考え方により多少の順番の違いはありますが、①、②、③が先に十分に揃ってないのに、いくらタンパク質・脂質・炭水化物・各種サプリメントを摂っても上手く作動できません。

そのなかで原始的古代から地球の土の元素の一つである珪素（シリカ）が注目されています。聖書に記されている、神が人間を土から創造された由縁なのかもしれません。また、ある特定の周波数等の記憶媒体として、水晶など岩石類と水そのものも注目されています。ある特定の周波数等は、まだまだ未解明ながら、いわゆる氣や波動と関係していることが明らかになりつつあります。量子論との関係の解明も進んできているようです。

末期ガンや難病から生還する分かれ道は、毒出しや、①から⑤を揃える以前に、また食事療法や各種施術などさまざまな方法を用いる以前に（さまざまな方法は、生命に具わる仕組みを、所詮はアシストするだけです）、じつは無心・無為の純粋ピュアな「信念」（西洋的には真愛）次第であることは、心身の仕組みが解明周知されはじめた今日では、すでに明らかです。

今日において人間に求められることは変わりつつあり、進化しています。精神性の回復と科学技術などとの調和がようやく求められる時点にまで到達しています。一人ひとりがその重要性に気づきはじめました。医療においては「統合」するのではなく（統合は、じつはできません）、西洋医学と東洋医学の融合が求められます。

そのためにはすべての（左脳的な）考えや、それぞれの立ち構え方自体から見直し、結局は全員が摂理・道理から離れてしまい足りていないことに気づけるかどうかにかかっています。謙虚にそれに気づけた人から、次の新世紀に（医療も同様）先行して入っていけると思われます。

２０２４年10月

医学博士　小島弘基

## 参考文献


『副作用死ゼロの真実』近藤誠　ビジネス社
『コロナによる死と毒された免役システム』ロバート・ギブソン　ヒカルランド
『本当はこわくない新型コロナウイルス』井上正康　方丈社
『私たちは売りたくない！“危ないワクチン”販売を命じられた製薬会社現役社員の慟哭』チームK　方丈社
『文藝春秋』2024年4月号、5月号、6月号
『医師が臨床する珪素の力』日本珪素医療研究会　青月社
『コロナワクチン接種者から未接種者へのシェディング（伝播）―その現状と対策』高橋徳　ヒカルランド
『新型コロナワクチン副作用が出る人、出ない人』近藤誠　小学館
『コロナワクチンの恐ろしさ』高橋徳・中村篤史・船瀬俊介　成甲書房
『新型コロナワクチンの正体』内海聡　ユサブル
『今だから知るべき！ ワクチンの真実』崎谷裕行　和秀システム
『ソマチッドと714Ｘの真実』稲田芳弘　Eco.クリエイティブ
『ソマチッド 地球を再生する不死の生命体』福村一郎　㈱ビデオ・マガジン
『超極小知性体ソマチッドの衝撃』上部一馬　ヒカルランド
『人類の命を救う手作り酵素』河村文雄　十勝均整社
『樹齢千年の生命力「森の香り精油」の奇跡』松井和義　コスモ21
『改訂版 誰でもできる感染症対策！ 樹齢千年「桧・ひば精油」で免疫力超アップ』松井和義　コスモ21
『免疫を破壊するコロナワクチンの解毒法』松井和義　コスモ21
『コロナワクチン「毒」からの脱出法』松井和義　コスモ21

【監修者プロフィール】

**小島 弘基**（こじまひろもと）

医師、医学博士

【経歴】

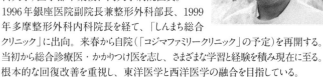

1990年（平成2年）藤田保健衛生大学（現藤田医科大学）医学部卒業後、同大学病院医員。

1996年銀座医院副院長兼整形外科部長、1999年多摩整形外科内科院長を経て、「しんまち総合クリニック」に出向。来春から自院（「コジマファミリークリニック」の予定）を再開する。当初から総合診療医・かかりつけ医を志し、さまざまな学習と経験を積み現在に至る。根本的な回復改善を重視し、東洋医学と西洋医学の融合を目指している。

【著者プロフィール】

**松井 和義**（まついかずよし）

昭和26年愛知県生まれ。高知大学在学中より能力開発の研究を始める。昭和62年より経営者協会後援のもとトップマネージメントセミナーを主宰。平成9年11月より本格的な脳科学の研究と「ミミテックメソッド」をスタート。その後、実践脳科学提唱者として脳と身体の潜在能力開発法の指導を行う。さらに、長寿食・予防医学指導家として健康指導にも注力している。現在、㈱ミミテック代表取締役。

主な著者として『常識が変わる200歳長寿!　若返り食生活法』『樹齢千年の生命力「森の香り精油」の奇跡』『改訂版 誰でもできる感染症対策! 樹齢千年「桧・ひば精油」で免疫力アップ』『52歳で折返し120歳で現役 丹田発声・呼吸法で医者要らず』『若返りと長寿の根本 光・丹田呼吸で超免疫体質』『免疫を破壊するコロナウクチンの解毒法』『コロナワクチン「毒」からの脱出法」（以上コスモ21刊）等多数。

ワクチン後遺症を解消する
珪素宇宙意識生命体「原始ソマチッド」

2024年11月11日　第1刷発行

監　修———小島弘基

著　者———松井和義

発行人———山崎　優

発行所———コスモ21
〒171-0021　東京都豊島区西池袋2-39-6-8F
☎03（3988）3911
FAX03（3988）7062
URL https://www.cos21.com/

印刷・製本——中央精版印刷株式会社


定価はカバーに表示してあります。

ISBN978-4-87795-437-6 C0030

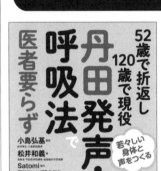